# RECURSOS HUMANOS

Dados Internacionais de Catalogação na Publicação (CIP)

M357r  Marques, José Carlos.

Recursos humanos / José Carlos Marques. – São Paulo, SP : Cengage, 2016.

Inclui bibliografia e glossário.

ISBN 13: 978-85-221-2875-4

1. Recursos humanos. 2. Salários. 3. Remunerações extra-salariais. 4. Pessoal - Treinamento. I. Título.

CDU 658.3
CDD 658.3

**Índice para catálogo sistemático:**

1. Recursos Humanos      658.3

(Bibliotecária responsável: Sabrina Leal Araujo – CRB 10/1507)

# RECURSOS HUMANOS

Austrália • Brasil • México • Cingapura • Reino Unido • Estados Unidos

**Recursos Humanos**

*Autor:* José Carlos Marques

*Gerente Editorial:* Noelma Brocanelli

*Editoras de desenvolvimento:*
Gisela Carnicelli, Regina Plascak e Salete Guerra

*Editora de Aquisição de Conteúdo:*
Guacira Simonelli

*Produção Editorial:*
Sheila Fabre

*Copidesque:* Sirlene M. Sales

*Revisão:* Olívia Yumi e Ângela Cruz

*Diagramação e Capa:*
Marcelo A. Ventura

*Imagens usadas neste livro por ordem de páginas:*

Jirsak/Shutterstock; EDHAR/Shutterstock; arka38/ Shutterstock; Evlakhov Valeriy/ Shutterstock; corgarashu/Shutterstock; Monkey Business Images/Shutterstock; pedrosek/Shutterstock; violetkaipa/ Shitterstock; Minerva Studio/Shutterstock; CandyBox Images/Shutterstock; Arthimedes/ Shutterstock; corgarashu/Shutterstock; Ljupco Smokovski/Shutterstock; Rido/ Shutterstock; Sergey Nivens/Shutterstock; Christine Langer-Pueschel/Shutterstock; Pressmaster/Shutterstock; Goodluz/ Shutterstock; Matej Kastelic/Shutterstock; Rawpixel/Shutterstock; YanLev/Shutterstock; Rawpixel/Shutterstock; wavebreakmedia/ Shutterstock; Butter45/Shutterstock; Trueffelpix/Shutterstock; ramcreations/ Shutterstock; Jirsak/Shutterstock; everything possible/Shutterstock; Sergey Nivens/Shutterstock; everything possible/ Shuttertstock

© 2016 Cengage Learning Edições Ltda.

Todos os direitos reservados. Nenhuma parte deste livro poderá ser reproduzida, sejam quais forem os meios empregados, sem a permissão por escrito da Editora. Aos infratores aplicam-se as sanções previstas nos artigos 102, 104, 106, 107 da Lei nº 9.610, de 19 de fevereiro de 1998.

Esta editora empenhou-se em contatar os responsáveis pelos direitos autorais de todas as imagens e de outros materiais utilizados neste livro. Se porventura for constatada a omissão involuntária na identificação de algum deles, dispomo-nos a efetuar, futuramente, os possíveis acertos.

Esta editora não se responsabiliza pelo funcionamento dos links contidos neste livro que possam estar suspensos.

Para permissão de uso de material desta obra, envie seu pedido para
**direitosautorais@cengage.com**

© 2016 Cengage Learning Edições Ltda.
Todos os direitos reservados.

ISBN 13: 978-85-221-2875-4
ISBN 10: 85-221-2875-8

**Cengage Learning Edições Ltda.**
Condomínio E-Business Park
Rua Werner Siemens, 111 - Prédio 11
Torre A - Conjunto 12
Lapa de Baixo - CEP 05069-900 - São Paulo - SP
Tel.: (11) 3665-9900   Fax: 3665-9901
SAC: 0800 11 19 39

Para suas soluções de curso e aprendizado, visite
**www.cengage.com.br**

Impresso no Brasil
*Printed in Brazil*

# Apresentação

Com o objetivo de atender às expectativas dos estudantes e leitores que veem o estudo como fonte inesgotável de conhecimento, esta **Série Educação** traz um conteúdo didático eficaz e de qualidade, dentro de uma roupagem criativa e arrojada, direcionado aos anseios de quem busca informação e conhecimento com o dinamismo dos dias atuais.

Em cada título da série, é possível encontrar a abordagem de temas de forma abrangente, associada a uma leitura agradável e organizada, visando facilitar o aprendizado e a memorização de cada assunto. A linguagem dialógica aproxima o estudante dos temas explorados, promovendo a interação com os assuntos tratados.

As obras são estruturadas em quatro unidades, divididas em capítulos, e neles o leitor terá acesso a recursos de aprendizagem como os tópicos *Atenção*, que o alertará sobre a importância do assunto abordado, e o *Para saber mais*, com dicas interessantíssimas de leitura complementar e curiosidades incríveis, que aprofundarão os temas abordados, além de recursos ilustrativos, que permitirão a associação de cada ponto a ser estudado.

Esperamos que você encontre nesta série a materialização de um desejo: o alcance do conhecimento de maneira objetiva, agradável, didática e eficaz.

Boa leitura!

# Prefácio

Ao observarmos a estrutura de uma companhia, seja de qual ramo for, não conseguimos mensurar, num primeiro momento, o tipo de organização que está por trás dela. Conseguimos, quem sabe, visualizar que ela comporta uma quantidade "x" de colaboradores; que centraliza ramos distintos de atividades e serviços, que vão desde as mais complexas, executadas por diretores e gerentes, passando por tarefas administrativas e de relativa demanda e necessidade, até os serviços de higiene e segurança. Essa ideia, contudo, ainda não nos fornece condições de dimensionar a demanda que sustenta o alicerce dessa organização.

Quem é o responsável pela consolidação dessa estrutura? Quem comanda a construção desse organograma dentro de uma companhia?

Conhecido como RH, o departamento de Recursos Humanos é o responsável, dentro de uma companhia, por selecionar pessoas qualificadas para cargos específicos, administrar e monitorar comportamentos e procedimentos internos, prover incentivos financeiros, alinhar seus colaboradores com as políticas da corporação e fazer a recompensação destes, além de promover treinamentos, cuidar da rentabilidade e das relações trabalhistas dos colaboradores.

Para que essa incumbência possa ser assumida, o Recursos Humanos precisa se pautar por diretrizes básicas previstas nas legislações pertinentes, bem como nas políticas seguidas pela companhia.

Não é uma tarefa fácil. Envolve muito trabalho, estudo e capacitação.

Este material propõe a apresentação dos conceitos basilares dos Recursos Humanos a fim de levar para o leitor as noções básicas acerca desse importante setor existente nas empresas.

Na primeira Unidade, os principais sistemas de recompensas são abordados. Desde a simples compensação até os planos de cargos e salários e descrição de cargos. Além disso, assuntos como os objetivos da remuneração, o valor do trabalho e do funcionário, a capacidade de pagamento da organização e métodos de avaliação e classificação de funções são explorados de maneira objetiva e didática.

Na Unidade 2, o leitor vai estudar os sistemas de benefícios aos empregados, desde a sua concepção até as estratégias adotadas para o fornecimento das benesses.

O treinamento e o desenvolvimento de pessoal é o tema central da Unidade 3 e, na Unidade 4, o leitor vai conhecer um pouco mais sobre os sistemas e ferramentas tecnológicas utilizadas pelos Recursos Humanos para lidar com toda a demanda da qual está submetida.

A gestão de pessoas é uma atividade que advém, além de toda a qualificação e as técnicas necessárias, do dom em saber lidar com as necessidades dos indivíduos no âmbito de seu convívio profissional. Esse material visa facilitar o entendimento de toda essa dinâmica.

Boa leitura e bons estudos.

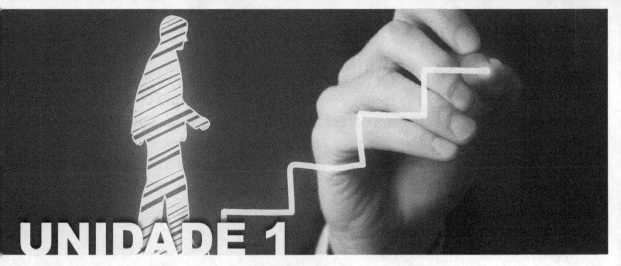

# UNIDADE 1
## APLICAÇÃO E CONTROLE DE PLANOS DE CARGOS E SALÁRIOS

**Capítulo 1** Sistemas de recompensas, 10

**Capítulo 2** Principais conceitos, 10

**Capítulo 3** Objetivos da remuneração, 13

**Capítulo 4** Princípios básicos de um sistema de remuneração, 13

**Capítulo 5** A remuneração deve respeitar o equilíbrio interno e o externo, 14

**Capítulo 6** Métodos de avaliação e classificação de cargos, 17

Glossário, 34

# 1. Sistemas de recompensas

A gestão de recursos humanos, de forma geral, tem como um dos seus principais propósitos buscar o equilíbrio entre os objetivos da organização e dos colaboradores. Na busca desse equilíbrio, a área de Recursos Humanos utiliza uma grande quantidade de princípios, conceitos, métodos e técnicas e ferramentas.

Nesta Unidade, trataremos de um tema muito importante para esse equilíbrio: a remuneração dos empregados. Quando se disponibiliza para a organização seu conhecimento, suas habilidades e seu tempo para a realização de um trabalho e o alcance de um resultado para o qual foi contratado se recebe em troca o que tecnicamente é chamado de compensação. Sua motivação, sua satisfação no trabalho e sua produtividade serão influenciadas pela compensação que é recebida. Se o indivíduo estiver motivado e satisfeito com o que recebe como compensação, certamente, colaborará de forma mais efetiva para que a organização alcance os objetivos dela: rentabilidade, satisfação do cliente, boa imagem no mercado etc.

# 2. Principais conceitos

Alguns conceitos importantes serão abordados e muito utilizados: compensação, remuneração, salário, incentivos, descrição de cargos e plano de cargos e salários.

### a) Compensação

A compensação refere-se às recompensas que um colaborador recebe por realizar um trabalho em uma organização. As recompensas são divididas em duas categorias: as financeiras e as não financeiras.

As recompensas financeiras são aquelas em que a organização faz o pagamento ou um crédito de um valor em dinheiro.

São subdivididas em dois grupos: as recompensas financeiras diretas e as recompensas financeiras indiretas. As recompensas financeiras diretas correspondem ao salário, às comissões, às horas extraordinárias, aos adicionais, etc., que são pagas em função da realização de um trabalho. As recompensas financeiras indiretas correspondem ao pagamento de férias, 13° salário, adicional por tempo de serviço etc., que estão associados ao trabalho, mas não diretamente.

Veja o seguinte exemplo: se o indivíduo faltar, por qualquer motivo, um dia no trabalho, terá esse dia descontado do seu salário. Portanto, sua remuneração direta será reduzida no valor de um dia de trabalho. Por outro lado, ele não terá, por ter faltado um dia, desconto quando do pagamento das férias ou do adicional por tempo de serviço, que são remunerações indiretas.

Nas recompensas não financeiras não há pagamento ou crédito em dinheiro. São entendidas como recompensas não financeiras as oportunidades de desenvolvimento e crescimento profissional, a estabilidade e segurança no emprego, as possibilidades de ascensão nas carreiras, a qualidade de vida no trabalho proporcionada pela organização. As recompensas não financeiras serão tratadas na Unidade 2.

*b) Remuneração*

A remuneração representa o somatório de tudo o que a organização paga habitualmente a um empregado em contra-partida pelo trabalho realizado pelo empregador ou por terceiro. A remuneração é constituída de três grupos principais de recompensas: o salário, os benefícios e os incentivos. A Figura 1 ilustra esse conceito.

Figura 1 – Composição da remuneração

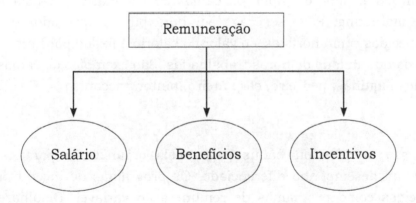

Fonte: Autor.

*c) Salário*

O salário representa a contraprestação devida ao empregado/colaborador pela prestação de serviços. É estabelecido em contrato, no qual estão especificadas suas principais características, como o valor, data e forma de pagamento. O salário está atrelado a um cargo, que lhe serve de referência.

Antes da invenção do dinheiro, o trabalho era pago com mercadorias. A palavra salário tem origem no latim, *salarium argentum*, que significa "pagamento em sal". Os soldados do Império Romano recebiam uma quantidade de sal como pagamento por seus serviços. Como o sal tinha muito valor, ele era trocado por outras mercadorias, como alimentos, roupas, armas etc.

Existem outros dois conceitos que são aplicados a salário: o salário nominal e o salário real. O salário nominal é aquele que consta do contrato individual de trabalho, no demonstrativo de pagamento (holerite) e serve de base para os cálculos que são efetuados em função dele: faltas, horas extras, adicionl noturno, participação no custeio de benefícios, etc.

O salário real corresponde à quantidade de bens e serviços que um empregado consegue adquirir com o dinheiro que recebe. É o salário real que sofre com a inflação alta. A inflação corrói o poder de compra, porque com a mesma quantidade de dinheiro compramos uma quantidade menor de bens e serviços.

O salário pode ser fixado por mês para colaboradores que ocupam os chamados cargos mensalistas; por exemplo, os cargos de secretária, analista financeiro, gerente de marketing. Pode ser pago por hora para empregados que ocupam cargos conhecidos como horistas – o valor do salário é fixado por hora e calculado em função da quantidade de horas trabalhadas. São exemplos de cargos horistas: operador de máquinas, pedreiro, carpinteiro, pintor, mecânico.

*d) Incentivos*

Incentivos são prêmios ou bônus pagos pela organização para estimular e reconhecer um desempenho diferenciado. Os programas de incentivos também são conhecidos como programas de remuneração variável. Detalharemos esse tema mais adiante na Unidade 2.

*e) Plano de cargos e salários*

Um plano de cargos e salários é um instrumento utilizado na gestão de recursos humanos para definição das políticas de remuneração, normatizando internamente os critérios para criação, alteração e extinção de cargos, bem como para as tabelas e formas de progressão salarial. Possibilita, também, contribuir para a definição de políticas que tenham em vista o desenvolvimento, a capacitação, a valorização e o reconhecimento dos colaboradores, propiciando um ambiente de busca de resultados e aumento da produtividade individual e coletiva, eliminando as incoerências e distorções que possam causar desequilíbrios salariais ou insatisfações.

*f) Descrição de cargo*

A descrição de cargo é um documento no qual estão estabelecidas as tarefas, atribuições e funções, além dos requisitos que também são exigidos para que o ocupante do cargo possa alcançar seus resultados de forma adequada.

Tarefas são atividades repetitivas de baixa complexidade. Atribuições são atividades não tão repetitivas e de média complexidade. Uma função é um conjunto de tarefas e atribuições. Um conjunto de funções constitui um cargo.

Os requisitos são atributos que são exigidos para que uma pessoa possa ocupar um cargo. São definidos pela **análise de cargos** e referem-se a, por exemplo, formação acadêmica, tempo de experiência, domínio de outros idiomas, habilidades específicas etc.

## 3. Objetivos da remuneração

De acordo com Snell e Bohlander (2010), um programa ou sistema de remuneração tem como principais objetivos:

- manter a equidade de salário entre os empregados;
- atrair e reter talentos para a organização;
- recompensar o desempenho dos empregados;
- associar a remuneração ao cumprimento de metas da organização;
- reduzir a rotatividade.

A organização deverá estabelecer políticas e normas para alcançar esses objetivos, cujo detalhamento será visto mais adiante, nesta Unidade.

## 4. Princípios básicos de um sistema de remuneração

Um sistema de remuneração tradicional deve ser estruturado respeitando dois princípios fundamentais: o equilíbrio interno e o equilíbrio externo. O valor da remuneração tem equilíbrio interno quando, segundo a percepção do colaborador que o recebe, é justo. Justo significa que o valor recebido é condizente com o nível de requisitos e de esforços exigidos para a realização do trabalho. Pense na seguinte situação: o indivíduo ocupa um cargo de Analista de Recursos Humanos Pleno.

Sua remuneração estará equilibrada internamente quando entender que a diferença entre o que ele recebe e o que o Analista de Recursos Humanos Sênior recebe é justa em função das diferenças entre os requisitos e os esforços exigidos para cada um desses dois cargos.

## 5. A remuneração deve respeitar o equilíbrio interno e o externo

O valor da remuneração tem equilíbrio externo quando ela está compatível com o que outras organizações semelhantes pagam para o mesmo cargo. A remuneração está equilibrada externamente quando o valor que se recebe da organização para a qual o sujeito trabalha for próximo do valor que organizações semelhantes pagam para o mesmo cargo que ele ocupa.

Esses são dois princípios fundamentais, pois devem ser atendidos, simultaneamente, pelo sistema de remuneração. O atendimento de apenas um deles poderá causar um sentimento de injustiça, que terá como consequência a insatisfação dos empregados.

### Fatores que devem ser considerados para composição da remuneração

Ao iniciar o processo para desenhar um sistema de remuneração, uma organização deve considerar uma série de fatores internos e externos que influenciarão o valor do que será pago aos colaboradores.

A Figura 2 apresenta os principais fatores internos e externos.

Figura 2 – Fatores que influenciam a composição da remuneração

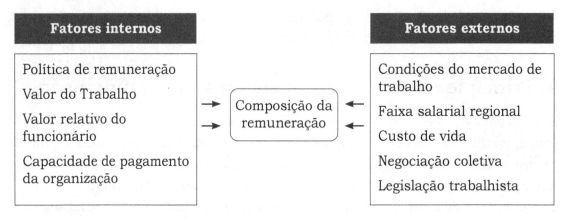

Fonte: adaptado de Snell e Bohlander (2010).

## Fatores internos

Vamos conhecer agora o detalhamento dos fatores internos.

*a) Política de remuneração*

A política de remuneração é a intenção com que a organização pretende tratar esse assunto. Segundo Snell e Bohlander (2010), entre as principais proposições formais da política de remuneração estão:

- o posicionamento do nível de salários oferecidos pela organização em relação ao mercado: abaixo, na média ou acima dos valores praticados pelo mercado;
- a capacidade do programa de pagamento para ganhar a aceitação dos empregados enquanto os motiva a ter um desempenho que utilize ao máximo suas capacidades;
- o nível do salário para os recém-contratados e o pagamento diferencial para colaboradores com mais tempo de casa;
- os intervalos em que os salários serão reajustados e quais critérios serão utilizados para esses reajustes; e
- o nível de salário que permite ao empregado manter seu poder aquisitivo.

As organizações utilizam, normalmente, um dos seguintes critérios para estabelecer, na sua política de remuneração, as formas de reajuste salarial: o aumento por tempo de serviço ou aumento por mérito.

O aumento por tempo de serviço é concedido ao empregado em função do tempo de serviço prestado à empresa.

O aumento por mérito é concedido aos colaboradores que tiveram um desempenho diferenciado.

Em algumas organizações públicas, o que se pratica é uma combinação desses dois critérios. Dessa forma, um empregado pode ter seu salário reajustado por ter alcançado um desempenho superior em determinado período e, em outro período, ter seu salário reajustado em função do tempo de prestação de serviços para a organização.

*b) Valor do trabalho*

De acordo com Snell e Bohlander (2010), o **valor do trabalho** representa a importância que um cargo tem para o sucesso organizacional. O valor do trabalho pode ser definido subjetivamente, ou utilizando-se um método de avaliação de cargo, tornando essa avaliação mais objetiva.

*c) Valor relativo do funcionário*

O **valor do funcionário** está associado ao grau dos resultados que ele alcança – seu desempenho – para contribuir com os resultados da organização. Esse valor ou essa contribuição são estimulados por programas de incentivos e são reconhecidos e recompensados por meio de promoções, aumentos por mérito, pagamento de bonificações etc.

*d) Capacidade de pagamento da organização*

A capacidade financeira da organização é um fator que delimita os níveis de remuneração. As organizações, geralmente, elaboram um orçamento no qual estão definidas as disponibilidades financeiras para pagamento dos empregados. Essa disponibilidade financeira é definida considerando as projeções de receitas e de outras despesas como matéria-prima, equipamentos, instalações etc.

## Fatores externos

Conhecidos os fatores internos, vamos agora conhecer os fatores externos.

*a) Condições do mercado de trabalho*

O mercado de trabalho, como todo mercado, está sujeito a duas forças que o influenciam diretamente: a oferta e a procura de pessoas qualificadas. A oferta diz respeito à quantidade de emprego (vagas preenchidas ou não) existente no mercado. A procura diz respeito à quantidade de pessoas capacitadas para ocupar uma das ofertas de emprego (vagas). Se a quantidade de vagas é maior do que a quantidade de pessoas capacitadas para ocupá-las, as organizações têm de oferecer níveis maiores de remuneração para reter seus talentos e recrutar bons profissionais no mercado. Se a quantidade de vagas for menor do que a quantidade de pessoas capacitadas, a organização tende a reduzir os níveis de remuneração praticados. Cabe ressaltar que essa redução deve obedecer à legislação vigente.

*b) Faixa salarial regional*

O valor de remuneração praticado por uma organização deve ser compatível com o que pagam outras organizações semelhantes. Uma organização que, por qualquer razão, pague uma remuneração menor do que a praticada por organizações semelhantes poderá ter dificuldade na retenção e na atração de talentos, além de causar a insatisfação dos colaboradores.

*c) Custo de vida*

Como já vimos, a inflação é um grande problema para as organizações e para as pessoas, pois deterioram o poder aquisitivo. Para manter o poder aquisitivo, as organizações promovem, no mínimo uma vez por ano, um reajuste da remuneração com base na inflação apurada no ano anterior. Esse reajuste ocorre na data-base da categoria profissional à qual a organização pertence. Por exemplo, a data-base do sindicato dos professores de São Paulo é em março; assim, a partir de 1º de março a remuneração dos professores será reajustada pela inflação oficial apurada entre março de 2014 a fevereiro de 2015.

*d) Negociação coletiva*

Além do reajuste da remuneração pela inflação, outros aumentos poderão ser negociados entre a organização e os sindicatos que representam seus funcionários. Os aumentos reais de salário (aumentos concedidos acima do índice de inflação), critérios para pagamento de horas extras e adicionais e gratificações são outros assuntos que fazem parte da pauta de negociação do sindicato.

*ATENÇÃO! Os fatores internos e externos são dinâmicos, mudando constantemente. E faz que as organizações tenham que acompanhar tais mudanças e promover alterações, sempre que necessário, em seu sistema de remuneração para mantê-lo atualizado e competitivo.*

O sistema de remuneração não alcançará os objetivos a que se propõe se não levar em consideração os fatores internos e externos.

## 6. Métodos de avaliação e classificação de cargos

Quando falamos sobre o valor do trabalho nos referimos à avaliação do cargo. Segundo Snell e Bohlander (2010), **avaliação de cargos** é um processo sistemático para determinar o **valor relativo** dos cargos e estabelecer aqueles que devem receber salário maior que outros na organização.

A avaliação de cargos permite atender um dos princípios fundamentais que é o equilíbrio interno. Ela se dá por meio da comparação do cargo com outros da organização ou com algumas referências que foram construídas para essa finalidade. Segundo Snell e Bohlander (2010), os cargos podem ser comparados como um todo ou nas partes que os constituem.

*ATENÇÃO! Para aplicar qualquer método de avaliação de cargo, a organização deve ter elaborado e padronizado as descrições de cargo, que são documentos nos quais estarão especificadas: as tarefas, atribuições e funções de cada cargo; os requisitos exigidos para ocupar o cargo: escolaridade, experiência, responsabilidades e habilidades específicas.*

Para avaliar um cargo dispomos de vários métodos, dos mais simples aos mais sofisticados. Iniciaremos com os métodos mais simples: **escalonamento simples** e classificação de cargos.

*a) Escalonamento simples*

O método do escalonamento simples consiste em se relacionar e hierarquizar os cargos tendo como referência um critério escolhido, por exemplo, a escolaridade, o impacto no resultado da organização etc. Como é possível perceber, trata-se de uma avaliação muito subjetiva, portanto, sujeita a críticas.

A organização pode nomear um comitê que, com base nas informações contidas na descrição de cargo e do critério escolhido, fará a hierarquização dos cargos.

A Tabela 1 apresenta uma lista de cargos e o respectivo nível de escolaridade exigido, que foi confirmado pelo comitê de avaliação.

Tabela 1 – Cargos e níveis de escolaridade

| Cargo | Nível de escolaridade |
|---|---|
| Analista contábil | Superior completo |
| Assistente financeiro | Técnico de nível médio completo |
| Auxiliar administrativo | Ensino médio completo |
| Recepcionista | Ensino médio completo |
| Supervisor financeiro | Superior completo |

Aplicando o método do escalonamento simples, tendo como critério de referência a escolaridade, teríamos, conforme a Tabela 2, a seguinte hierarquização se ordenássemos o cargo do menor nível para o maior nível de escolaridade.

Tabela 2 – Cargos hierarquizados por nível de escolaridade

| Cargo | Nível de escolaridade |
|---|---|
| Auxiliar administrativo | Ensino médio completo |
| Recepcionista | Ensino médio completo |
| Assistente financeiro | Técnico de nível médio completo |
| Analista contábil | Superior completo |
| Supervisor financeiro | Superior completo |

Uma vez hierarquizados os cargos, podemos atribuir a cada um deles o valor do salário. Assim, o cargo de Auxiliar administrativo e o de Recepcionista teriam o mesmo valor de salário, pois ambos têm o mesmo nível de escolaridade. Da mesma forma, o Analista contábil e o Supervisor financeiro também teriam o mesmo valor de salário. Neste caso, parece que temos uma inconsistência, pois, geralmente, o Supervisor financeiro tem um salário maior do que o Analista contábil. Esse tipo de situação é uma das críticas ao método do escalonamento simples.

*b) Classificação de cargos*

A aplicação do método de classificação de cargos é muito semelhante ao que fizemos no método do escalonamento simples. A única diferença é que em vez de se utilizar um único critério como referência, os cargos são agrupados em algumas categorias formadas por um conjunto de critérios específicos. A Tabela 3 apresenta um modelo de agrupamento por categoria.

Tabela 3 – Categorias para avaliação de cargos

| Grau | Características da categoria |
|---|---|
| 1 | Trabalho rotineiro, de baixa complexidade, sem autonomia para decisão. |
| 2 | Diversificação de tarefas, de média complexidade, exigindo conhecimento de normas e procedimentos. Tem possibilidade de decidir sobre o trabalho e as prioridades para execução das atividades. |
| 3 | Diversificação de tarefas, de alta complexidade, exigindo a seleção de normas e procedimentos. Tem possibilidade de decidir sobre quais métodos são mais adequados para a realização das atividades. Treina e orienta outros cargos de mesma natureza. |
| 4 | Supervisão dos trabalhos executados pela equipe, decidindo sobre metas e distribuição das atividades. Responde pelos resultados do grupo. |

Um comitê formado por gestores da organização, de posse da descrição de cargo, fará a avaliação indicando para cada cargo a categoria que melhor se encaixa. A Tabela 4 apresenta um exemplo da aplicação desse método.

Tabela 4 – Exemplos de classificação de cargos

| Cargo | Gestor A | Gestor B | Gestor C | Classificação final |
|---|---|---|---|---|
| Auxiliar administrativo | 1 | 1 | 2 | 1 |
| Recepcionista | 1 | 1 | 1 | 1 |
| Assistente financeiro | 2 | 2 | 1 | 2 |
| Analista contábil | 3 | 3 | 3 | 3 |
| Supervisor financeiro | 4 | 4 | 4 | 4 |

O resultado da classificação final indica que o Auxiliar administrativo e a Recepcionista receberiam o menor salário e o Supervisor financeiro, o maior. Com esse método o salário do Analista Contábil seria diferente do salário do Supervisor financeiro, o que não ocorreu com a aplicação do método do Escalonamento Simples.

*c) Método de pontos*

O **método de pontos** foi desenvolvido por Merri R. Lott e é um dos mais utilizados por organizações de médio e grande porte. Trata-se de um método que permite uma avaliação quantitativa, ao contrário dos métodos de Escalonamento Simples e de Classificação de Cargos, que utilizam avaliações qualitativas. Tem uma boa aceitação por parte dos especialistas em remuneração e dos empregados, em virtude da construção de uma base de informações mais consistente que será utilizada para avaliação dos cargos.

A seguir, apresentamos os passos que são necessários para a aplicação do método de pontos:

*1º passo – Escolha dos fatores de avaliação*

O método de pontos utiliza **fatores de avaliação** como referência para a avaliação dos cargos. Fatores de avaliação referem-se aos conhecimentos, habilidades, requisitos físicos, responsabilidades e condições de trabalho que serão utilizados para determinar o valor relativo de um cargo.

O valor relativo representa o grau de importância que determinado cargo tem para a organização. Os fatores são classificados em quatro grupos: requisitos mentais, requisitos físicos, responsabilidades e condições de trabalho.

Não existe uma regra para a definição da quantidade dos fatores em cada um dos grupos. Geralmente, são utilizados 10 ou 11 fatores para se avaliar os cargos. Também não existe uma lista de fatores que pode ser utilizada por todas as organizações. Cada organização, devido à natureza do seu negócio e às características de sua operação, define que valores poderiam representar, de forma mais adequada, os diferentes tipos de trabalho existentes. Para cada um dos fatores escolhidos é elaborada uma definição que será útil para facilitar e uniformizar o seu entendimento e sua aplicação.

A seguir, na Tabela 5, relacionamos alguns fatores utilizados para a avaliação de cargos pelo método de pontos.

Tabela 5 – Exemplo de fatores para avaliação de cargos

| Grupo | Fator |
|---|---|
| Requisitos mentais | Formação acadêmica<br>Experiência anterior<br>Iniciativa |
| Requisitos físicos | Esforço físico<br>Esforço mental e visual |
| Responsabilidades por | Supervisão de pessoas<br>Equipamentos<br>Recursos Financeiros<br>Matéria-prima |
| Condições de trabalho | Ambiente de trabalho<br>Riscos de acidentes ou doenças profissionais |

## 2° passo – Escolha ponderação dos fatores de avaliação

A ponderação de fatores é necessária para se estabelecer um peso relativo que represente a importância do fator para a organização. A soma dos pesos será de 100%. Como já mencionado anteriormente, também não há uma regra para a ponderação dos fatores. O bom senso norteará a distribuição dos pesos.

A Tabela 6 apresenta um exemplo de ponderação de fatores.

Tabela 6 – Exemplo de ponderação de fatores

| Grupo | Fator | % |
|---|---|---|
| Requisitos mentais | Formação acadêmica | 15 |
|  | Experiência anterior | 20 |
|  | Inciativa | 15 |
| Requisitos físicos | Esforço físico | 6 |
|  | Esforço mental e visual | 6 |
| Responsabilidades por: | Supervisão de pessoas | 10 |
|  | Equipamentos | 4 |
|  | Recursos Financeiros | 4 |
|  | Matéria-prima | 4 |
| Condições de trabalho | Ambiente de trabalho | 6 |
|  | Riscos de acidentes ou doenças profissionais | 10 |
| Total |  | 100 |

*3° passo – Determinando os graus de cada fator*

Escolhidos os fatores, o passo seguinte é construir uma escala na qual serão estabelecidos graus que representem as diferenças e especificidades de cada fator. Neste 4° passo também deve ser estabelecido um mínimo e um máximo de pontos, que serão utilizados para a atribuição do valor de cada grau.

A Tabela 7 é um exemplo da definição de graus para o fator Formação acadêmica, utilizando-se como referência um mínimo de 200 pontos e um máximo de 1000 pontos.

Tabela 7 – Exemplo de um fator de avaliação de cargo e seus graus

**Formação acadêmica:** Este fator considera o grau de instrução formal, obtido em escola pública ou privada, que será fundamental para que os resultados previstos para o cargo sejam adequadamente alcançados.

| Graus | Descrição | Pontos |
|---|---|---|
| 1 | Ensino fundamental I – completo | 30 |
| 2 | Ensino fundamental II – completo | 54 |
| 3 | Ensino médio completo | 78 |
| 4 | Ensino técnico médio completo | 102 |
| 5 | Tecnólogo completo | 126 |
| 6 | Superior completo | 150 |

O número de pontos do grau 1, que é o menor grau, foi resultante da multiplicação do mínimo de pontos (200) pelo peso do fator Formação acadêmica (15%). Seguindo-se o mesmo critério foi calculado o número de pontos do grau 6, que é o maior grau: número máximo de pontos (1000) multiplicado pelo peso do fator (15%), tendo como resultado 150. O número de pontos dos graus intermediários 2, 3, 4 e 5 será calculado utilizando-se uma PA (Progressão Aritmética) ou uma PG (Progressão Geométrica). No exemplo da Tabela 7, foi utilizada uma Progressão Aritmética (PG).

*4° passo – Manual de avaliação de cargos e treinamento do comitê de avaliação*

O que foi feito para o fator formação acadêmica também deverá ser feito e todos os demais fatores que serão utilizados para a avaliação dos cargos.

Portanto, cada fator terá uma tabela semelhante à Tabela 7. Todos os fatores de avaliação com os seus respectivos graus definidos formarão o Manual de Avaliação de Cargos. Esse Manual será utilizado pelo comitê para avaliar os cargos.

O comitê de avaliação deve ser constituído de representantes de cada uma das áreas da organização e que conheçam bem os processos e a importância das atividades não só para a área, como também para toda a organização. O comitê será coordenado pelo representante da área de Recursos Humanos, que providenciará a infraestrutura necessária para a realização das reuniões: sala adequada, equipamentos, Manual de Avaliação de Cargos, descrições dos cargos etc.

É comum que na primeira reunião do comitê o representante da área de Recursos Humanos aplique um treinamento aos demais participantes. O treinamento abordará o conteúdo do Manual de Avaliação de Cargos, o papel dos membros do comitê e as regras para o seu funcionamento eficaz, por exemplo, como será decidido um eventual empate na avaliação de um fator para determinado cargo.

*5° passo – A avaliação dos cargos*

A avaliação de cargo, propriamente dita, consiste na comparação do que consta da descrição e das especificações dos cargos, fator a fator, com as informações contidas no Manual de Avaliação. Cada fator utilizado para a avaliação do cargo receberá um número de pontos correspondente ao grau que lhe é mais adequado. Por exemplo, o cargo de Auxiliar Administrativo tem como especificação para o fator Formação acadêmica o ensino médio completo. Se consultarmos a tabela 7, veremos que esse nível de formação acadêmica refere-se ao grau 3, para o qual foi atribuído 78 pontos. Esse procedimento é repetido cargo a cargo, fator a fator. O coordenador deverá, primeiro, obter o consenso entre os membros do comitê. Não havendo o consenso, aplica-se a regra que foi definida na primeira reunião, que pode ser a votação, vencendo a maioria, ou o voto de minerva do coordenador. Após a avaliação de todos os fatores para determinado cargo será possível calcular o total de pontos para o cargo. Esse total de pontos, que é o somatório dos pontos atribuídos a cada fator, representa o valor relativo do cargo para a organização.

Ao final das reuniões do comitê, estando todos os cargos avaliados, produz-se uma tabela resumindo o resultado das avaliações, conforme demonstrado na Tabela 8.

Tabela 8 – Resultado da avaliação de cargo pelo comitê

| Cargos | Formação acadêmica | Experiência anterior | Iniciativa | Esforço físico | Esforço mental e visual | Supervisão de pessoas | Equipamentos | Recursos Financeiros | Matéria-prima | Ambiente de trabalho | Riscos de acidentes | Total de pontos |
|---|---|---|---|---|---|---|---|---|---|---|---|---|
| Auxiliar administrativo | 78 | 32 | 30 | 12 | 12 | 0 | 8 | 0 | 8 | 6 | 6 | 192 |
| Recepcionista | 78 | 32 | 45 | 12 | 18 | 0 | 8 | 0 | 8 | 12 | 6 | 219 |
| Assistente financeiro | 102 | 48 | 60 | 12 | 24 | 0 | 12 | 8 | 8 | 6 | 6 | 286 |
| Analista contábil | 150 | 70 | 90 | 12 | 36 | 0 | 16 | 15 | 12 | 6 | 14 | 421 |
| Supervisor financeiro | 150 | 102 | 120 | 12 | 48 | 100 | 24 | 29 | 40 | 6 | 14 | 645 |

O método de pontos permite que seja feita uma verificação para saber se a ponderação dos fatores e a distribuição de pontos estão adequadas, de forma que o total de pontos de cada cargo – seu valor relativo – represente sua importância dentro da estrutura de cargos da organização. O recurso estatístico utilizado para essa verificação é a **correlação linear**. Para calculá-la, teremos que considerar o salário que atualmente a organização paga a cada um dos cargos avaliados e correlacioná-los com o número de pontos obtidos na avaliação. A Tabela 9 exemplifica esse procedimento.

Tabela 9 – Cálculo da correção linear

| Cargos | Total de Pontos (valor relativo) | Salários (valores fictícios) em R$ |
|---|---|---|
| Auxiliar administrativo | 192 | 1.450,00 |
| Recepcionista | 219 | 1.600,00 |
| Assistente financeiro | 286 | 2.500,00 |
| Analista contábil | 421 | 3.800,00 |
| Supervisor financeiro | 645 | 6.200,00 |

*P*ARA SABER MAIS! *A correlação é uma medida estatística que avalia o grau de afinidade entre duas variáveis. Varia de -1 a +1. Quanto mais próxima de +1, significa que a variável independente (X) influencia forte e positivamente a variável dependente (Y). No Youtube você encontra diversos vídeos que explicam como se calcula a correlação utilizando uma planilha eletrônica.*

Aplicando-se a fórmula da correlação, encontraremos 0,99932, o que indica uma correspondência fortemente positiva; assim, tanto a ponderação como os valores dos graus utilizados na avaliação estão adequados, isto é, o valor relativo obtido para cada cargo está representando sua importância de forma consistente. Caso a correlação fosse mais baixa, indicaria que a ponderação ou a especificação ou pontuação dos graus não está adequada. O caminho para melhorar a correlação seria aplicar uma nova ponderação para os fatores, ou reavaliar os cargos que apresentaram uma inconsistência maior. Reavaliar o cargo significa rever os graus que foram atribuídos a cada um dos fatores. Na reavaliação pode-se aumentar ou diminuir um grau de determinado fator, desde que se respeite o bom senso. Deve-se repetir esse processo até que se encontre o melhor nível de correlação possível.

Uma correlação alta permite que a organização utilize uma equação de reta para calcular o valor do salário a partir do número de pontos de cada cargo. Dessa forma o salário seria calculado por meio da seguinte equação: Salário = A + B * Pontos. Para se obter a equação da reta utiliza-se a **regressão linear**. Aplicando-se o método da regressão linear aos cargos e salários da Tabela 9 encontraremos as seguintes informações:

- A = ponto de interceptação do eixo Y (que neste caso corresponde ao valor do salário) = - 612,72.
- B = ângulo de inclinação da reta = 10,55
- A equação da reta seria: Salário = - 612,72 + 10,55 * Pontos.

Com a equação da reta definida, podemos agora calcular o salário ajustado, que nada mais é do que o salário calculado a partir do número de pontos. A Tabela 10 apresenta o valor do salário ajustado, que é calculado utilizando-se a equação da reta.

Tabela 10 – Valor do salário ajustado

| Cargo | Pontos | Salário atual | Salário ajustado | Diferença |
|---|---|---|---|---|
| Auxiliar administrativo | 192 | 1.450,00 | 1.414,39 | - 35,61 |
| Recepcionista | 219 | 1.600,00 | 1.699,46 | 99,46 |
| Assistente financeiro | 286 | 2.500,00 | 2.406,84 | - 93,16 |
| Analista contábil | 421 | 3.800,00 | 3.832,16 | 32,16 |
| Supervisor financeiro | 645 | 6.200,00 | 6.197,14 | - 2,86 |

Ao encontrarmos a melhor correlação possível e definirmos a equação da reta, finalizamos a avaliação dos cargos e chegamos ao equilíbrio interno. Se tomarmos como exemplo os cargos de Assistente financeiro e Auxiliar administrativo, teremos que a diferença de 286 pontos (Assistente financeiro) para 192 pontos (Auxiliar administrativo) será justa se refletida no salário. Considerando esses dois cargos após o ajuste do salário pela equação da reta teríamos que o salário do Auxiliar administrativo seria reduzido em R$ 35,61 reais, enquanto o salário da Recepcionista teria um acréscimo de R$ 99,46. Tal medida seria necessária para que obtivéssemos o equilíbrio interno perfeito, o que significa dizer que a diferença entre os pontos é proporcional à diferença entre os salários. Vamos guardar essa informação, pois a usaremos posteriormente.

A Figura 2, a seguir, graficamente os salários atuais e os salários ajustados pela equação da reta.

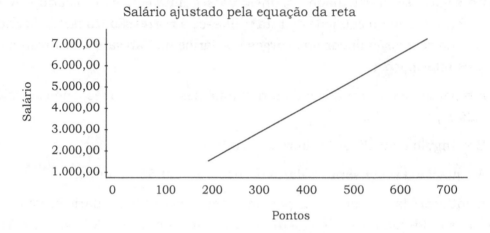

### d) Equilíbrio externo

As informações que serão utilizadas para analisar e estabelecer o equilíbrio externo são obtidas por meio da realização de uma **pesquisa salarial**. O propósito principal de uma pesquisa salarial é identificar os níveis de remuneração em um mercado formado por empresas que são relevantes para a organização. Uma organização pode dispor de quatro formas para realizar uma pesquisa salarial: ela própria realiza uma pesquisa, ou participa de uma pesquisa realizada por outra organização, ou adquire uma pesquisa pronta realizada por uma empresa especializada ou contrata uma consultoria para que realize a pesquisa.

Vamos apresentar as etapas de uma pesquisa que será realizada pela própria organização.

### 1° passo – Escolha dos cargos que serão pesquisados

A pesquisa de salários, geralmente, não abrange todos os cargos existentes em uma organização. É escolhida uma amostra contendo cargos que representem todos os níveis hierárquicos e todas as atividades da organização e que são comparáveis no mercado.

*2° passo – Escolha das empresas*

Um ponto importante para o sucesso da pesquisa salarial é a escolha das organizações que serão convidadas a participar da pesquisa.

Existem alguns critérios para se escolher as organizações e estas devem estar na mesma região geográfica da organização que está realizando a pesquisa. Organizações que atuam na mesma região sofrem as mesmas pressões do mercado de trabalho e os seus empregados estão sujeitos ao mesmo custo de vida. Devem ser do mesmo ramo de atividade. Se isso não for considerado, será muito difícil comparar os cargos da organização com de outra que atua em um segmento diferente.

A estrutura de cargos é diferente, o nível de importância dos cargos é diferente. Portanto, se a organização é uma instituição de ensino, deverá convidar outras instituições de ensino; se for uma instituição financeira, deverá convidar outras instituições financeiras. Devem ser, também, do mesmo porte. Organizações de porte médio devem convidar outras organizações de porte médio.

O porte influencia a divisão do trabalho e a capacidade de pagamento da organização. Somando todas essas características, estamos falando dos concorrentes. É isso mesmo. Convidamos os concorrentes para que nos forneçam informações sobre remuneração.

Em alguns segmentos essa é uma prática bastante comum. Em outros, é um pouco mais difícil a obtenção dessas informações. A organização que é convidada a participar de uma pesquisa, ao responder o que lhe foi solicitado, receberá gratuitamente da organização que está realizando a pesquisa as informações que lhe permitirão saber como está a remuneração que paga em relação ao mercado pesquisado. As formas mais utilizadas para convidar uma empresa são: reuniões, envio de e-mail e contatos pessoais.

*3° passo – Manual para coleta das informações*

A organização que está patrocinando a pesquisa elabora um Manual para coleta que contém as seguintes informações: relação das organizações convidadas, organograma da organização patrocinadora, relação e uma descrição resumida dos cargos pesquisados com a indicação dos principais fatores de avaliação adotados pela organização patrocinadora, uma planilha para que o salário dos cargos pesquisados seja informado e uma planilha para que os benefícios praticados pelas organizações convidadas sejam informados. Essas informações, atualmente, são encaminhadas por meio eletrônico.

A organização patrocinadora estabelece um prazo para que as organizações convidadas forneçam as informações. O prazo para as respostas varia em função da quantidade de cargos pesquisados e da urgência da organização patrocinadora.

*4° passo – Tabulação da pesquisa*

Depois de receber a quantidade de respostas que assegurem uma representatividade estatística, a organização patrocinadora faz a tabulação das informações. A primeira ação é verificar se as informações fornecidas pelas organizações convidadas são comparáveis com as informações contidas no Manual de coleta.

O salário é comparável quando as descrições resumidas das atribuições do cargo e os principais fatores de avaliação apontados são semelhantes. Se o cargo tem o mesmo título, mas as atribuições são diferentes, ele não é comparável.

Quando para determinado cargo da organização patrocinadora a formação acadêmica exigida é ensino médio completo e na organização convidada é exigido superior completo, o cargo não é comparável.

Feita essa primeira consideração, são tabulados os dados da pesquisa e calculadas as seguintes medidas para cada um dos cargos pesquisados: maior salário, menor salário, moda, média aritmética simples, média aritmética ponderada, desvio padrão, 1° quartil, 2° quartil ou mediana e 3° quartil.

Após o tratamento estatístico das informações é elaborado, para cada cargo, um relatório apresentando o resultado da tabulação, conforme ilustra a Tabela 11.

Tabela 11 – Exemplo de relatório de tabulação de pesquisa salarial

| CARGO: SECRETÁRIA JÚNIOR | |
|---|---|
| Média aritmética simples | 1.845,00 |
| Média aritmética ponderada | 1.809,32 |
| Mediana | 1.850,00 |
| 1° Quartil | 1.725,00 |
| 3° Quartil | 1.927,50 |
| Menor salário | 1.710,00 |
| Maior salário | 2.050,00 |
| Desvio padrão | 275,93 |
| | 15% |

Fonte: Autor.

Essas medidas serão utilizadas posteriormente para a definição do valor do salário pela organização patrocinadora. Caso o desvio padrão seja muito elevado – superior a 40% dependendo da amostra – são expurgados o maior e o menor salário e um novo cálculo dessas mesmas medidas é feito. Essa operação pode se repetir por várias vezes até que seja encontrado um desvio padrão aceitável, isto é, menor que 20%. Lembrando que uma tabela como a apresentada na tabela 11 é elaborada para cada um dos cargos pesquisados.

Os benefícios também são tabulados, e não será necessário tabulá-los cargo a cargo. Pode ser necessária a tabulação agrupando os benefícios por categoria profissional. Por exemplo, se determinada organização fornece aos gerentes outros benefícios ou com outros valores diferentes daqueles oferecidos aos cargos operacionais, a tabulação respeitará essa condição.

Tabulados o salário e os benefícios, é possível calcular o valor da remuneração que o mercado paga para os cargos pesquisados. Utilizaremos o resultado da tabulação mais adiante.

A organização patrocinadora envia um relatório com a tabulação da pesquisa a cada uma das organizações que participaram fornecendo as respostas solicitadas.

5° passo – Definição da **curva salarial**

Este passo é aquele em que trabalharemos simultaneamente as informações que obtivemos com o equilíbrio interno e com o equilíbrio externo.

A organização efetua, neste passo, uma análise comparativa entre o valor de salário que paga atualmente e o salário ajustado, que é calculado com o auxílio da equação da reta e com os parâmetros da pesquisa salarial. Com base nesses dados a organização define qual será sua política salarial e, em função dela, definirá qual o nível de remuneração que adotará.

A Tabela 12 apresenta um exemplo de comparação. Neste exemplo a organização optou pela mediana como referência de mercado.

Tabela 12 – Comparativo entre salário atual, salário ajustado e mediana

| Cargo | Pontos | Salário atual | Salário ajustado | Mediana do mercado |
|---|---|---|---|---|
| Auxiliar administrativo | 192 | 1.450,00 | 1.414,39 | 1.480,00 |
| Recepcionista | 219 | 1.600,00 | 1.699,46 | 1.764,00 |
| Assistente financeiro | 286 | 2.500,00 | 2.406,84 | 2.550,00 |
| Analista contábil | 421 | 3.800,00 | 3.832,16 | 3.910,00 |
| Supervisor financeiro | 645 | 6.200,00 | 6.197,14 | 6.356,00 |

Fonte: Autor.

Por hipótese, vamos imaginar que, ao analisar essa tabela, a organização decidiu como política salarial ficar próxima à mediana do mercado. Procedendo dessa forma o novo salário que a empresa passaria a pagar aos seus empregados está discriminado na Tabela 13.

Tabela 13 – Novo salário

| Cargo | Pontos | Salário atual | Salário ajustado | Mediana do mercado | Novo salário |
|---|---|---|---|---|---|
| Auxiliar administrativo | 192 | 1.450,00 | 1.414,39 | 1.480,00 | 1.450,00 |
| Recepcionista | 219 | 1.600,00 | 1.699,46 | 1.764,00 | 1.700,00 |
| Assistente financeiro | 286 | 2.500,00 | 2.406,84 | 2.550,00 | 2.500,00 |
| Analista contábil | 421 | 3.800,00 | 3.832,16 | 3.910,00 | 3.900,00 |
| Supervisor financeiro | 645 | 6.200,00 | 6.197,14 | 6.356,00 | 6.350,00 |

Fonte: Autor.

Aproveitamos para lembrar que não foi demonstrado que a organização, ao definir o novo salário, levou em conta os benefícios que ela oferece comparativamente aos benefícios que são oferecidos pelas organizações pesquisadas.

Se fizermos novamente o cálculo do índice de correlação, considerando o valor no novo salário, encontraremos 0,99989, que é uma correlação muito boa, ligeiramente superior a que se tinha obtido anteriormente (0,99932). Da mesma maneira que calculamos a correlação, vamos definir outra equação da reta utilizando o novo salário.

E os cargos que não foram avaliados ou incluídos na pesquisa salarial, como terão o valor do salário definido? Os cargos não avaliados ou que não foram incluídos na pesquisa terão seus salários definidos utilizando-se a nova equação da reta que já contemplou o novo salário, isto é, o salário definido em função do equilíbrio interno e do equilíbrio externo.

A organização que possui uma quantidade muito grande de cargos pode agrupá-los em classes salariais. De acordo com Snell e Bohlander (2010), classes salariais são grupos de cargos dentro de uma classe salarial particular para os quais são pagos os mesmos salários. O agrupamento é feito a partir do número dos pontos dos cargos. São utilizados alguns recursos estatísticos para que os cargos sejam agrupados em determinada classe. Por exemplo, se criar uma classe cuja faixa de pontos seria de 150 a 250 pontos, os cargos de Auxiliar Administrativo e

Recepcionista ficariam na mesma classe e, portanto, receberiam o mesmo salário que, no caso, seria o da Recepcionista (R$ 1.700,00), pois é o maior valor.

Uma organização com muitos cargos poderá, depois de agrupar os cargos em classes salariais, definir para cada classe um faixa salarial.

Segundo Snell e Bohlander (2010), as faixas salariais são divididas em uma série de níveis que permitem aos empregados receber aumentos com base no mérito ou no tempo de serviço, ou em uma combinação de ambos.

Imagina-se o agrupamento dos cargos de Auxiliar Administrativo e Recepcionista em uma única classe, cuja faixa inicial seria o salário de R$ 1.700,00.

A organização adotou como possibilidade de progressão salarial um índice de 5% e estabeleceu no máximo cinco faixas. A faixa salarial ficaria como demonstrado na Tabela 14.

Tabela 14 – Exemplo de Classe e faixa salarial

| Classe salarial | Cargos | Faixa I (Inicial) | Faixa II | Faixa III | Faixa IV | Faixa V |
|---|---|---|---|---|---|---|
| C 1 | Auxiliar Administrativo Recepcionista | 1.700,00 | 1.785,00 | 1.874,25 | 1.967,96 | 2.066,36 |

Fonte: Autor.

Nesse exemplo, um Auxiliar Administrativo seria contratado com R$ 1.700,00 e, por mérito ou tempo de serviço, poderia ser deslocado horizontalmente, recebendo 5% de aumento salarial por período de reajuste definido pela organização, além dos reajustes legais, até chegar ao máximo de R$ 2.066,36. Desse ponto em diante, para ter um aumento de salário, além dos reajustes legais, precisaria mudar para a próxima classe.

Pode ocorrer em algumas organizações a sobreposição de faixas. Os valores das últimas faixas de determinada classe serão iguais ou superiores aos valores das faixas iniciais da classe seguinte.

A Figura 3 apresenta um exemplo de estrutura salarial com faixas crescentes.

Figura 3 – Estrutura salarial com faixas crescentes

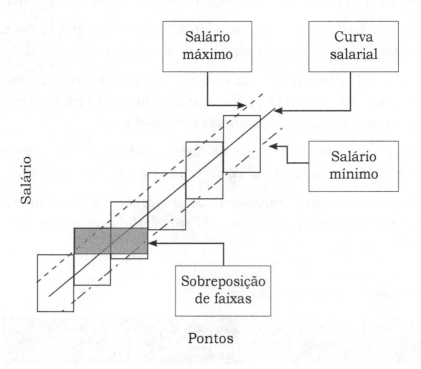

Fonte: Autor, adaptado de Snell e Bohlander (2010).

*e) Remuneração por competência*

O sistema de remuneração estruturado com base nos cargos tem uma série de limitações. Uma delas é o fato de não levar em consideração as habilidades que os colaboradores possuem e que, ao melhor aproveitá-las, podem aprimorar seus resultados.

Outra limitação, que pode ser observada, é a inflexibilidade que o empregado tem, uma vez que suas fronteiras de atuação estão estabelecidas pela descrição de cargo.

Por conta dessas limitações, surgiu uma nova forma de remunerar os colaboradores: a remuneração por competência.

De acordo com Snell e Bohlander (2010), a remuneração por competência, também chamada de pagamento por habilidades ou pagamento por conhecimento, remunera os empregados por habilidades ou pelo aumento dos conhecimentos, mais do que pelos cargos que ocupam.

A remuneração por competência pressupõe que um empregado pode ganhar mais, desde que amplie seu conhecimento ou desenvolva novas habilidades, que são importantes para a organização. Segundo Snell e Bohlander (2010), para que o pagamento por competências possa ser praticado, deve haver uma mudança na forma como os gerentes organizam o trabalho e na forma de como o trabalho será pago. A implantação de um sistema de remuneração por competências permite que a organização ganhe mais produtividade, maior flexibilidade e comprometimento dos colaboradores, aumento do seu conhecimento e redução dos índices de absenteísmo e rotatividade. Para que um sistema de remuneração por competência tenha sucesso, é fundamental que a organização adote também medidas e critérios para avaliar quanto as habilidades desenvolvidas ou os conhecimentos adquiridos contribuem para a melhoria dos resultados organizacionais.

As organizações que adotam o sistema de remuneração por habilidades ou competências, normalmente, utilizam faixas salariais mais amplas. Segundo Snell e Bohlander (2010), as faixas salariais mais amplas eliminam a obsessão pelo uso da faixa salarial e, em vez disso, encoraja os funcionários a se transferirem para cargos nos quais poderão desenvolver suas carreiras e agregar valor à organização.

# Glossário - Unidade 1

**Análise de cargos** – Define a partir das tarefas, atribuições e funções do cargo os requisitos exigidos do ocupante para que possa desempenhá-lo adequadamente.

**Avaliação de cargos** – É um processo sistemático para determinar o valor relativo dos cargos e estabelecer aqueles que devem receber salário maior que outros na organização.

**Correlação linear** – Mede a intensidade e a direção do relacionamento linear entre duas variáveis. Varia de +1 a -1. A correlação é fortemente positiva quanto mais se aproxima de +1 e fortemente negativa quanto mais se aproxima de -1. Uma correlação fortemente positiva permite que se estime, com razoável grau de precisão, o valor da variável dependente a partir da variável dependente.

**Curva salarial** – Curva em um diagrama de dispersão que representa a relação entre o valor relativo (número de pontos) e o valor do salário.

**Escalonamento simples** – Consiste em se relacionar e hierarquizar os cargos tendo como referência um critério escolhido, como, por exemplo, escolaridade, impacto no resultado da organização.

**Fatores de avaliação** – Habilidades, esforços, responsabilidades e condições do trabalho que servem para classificar um cargo segundo o seu grau de importância.

**Método de pontos** – Método que permite uma avaliação quantitativa, que determina o valor relativo de um cargo pelo total de pontos atribuídos a ele.

**Pesquisa salarial** – Pesquisa de salários e benefícios pagos aos empregados de outras organizações em mercado de trabalho relevante para a organização pesquisadora.

**Regressão linear** – Consiste na definição de uma equação que permite explicar a variação de uma variável, chamada dependente, em função de outra variável, chamada independente.

**Valor do funcionário** – Está associado ao grau com que os resultados que ele alcança - seu desempenho - contribuem para os resultados da organização.

**Valor do trabalho** – Representa a importância que um cargo tem para o sucesso organizacional.

**Valor relativo** – Representa o grau de importância que determinado cargo tem para a organização.

# UNIDADE 2
# BENEFÍCIOS, INCENTIVOS E RECOMPENSAS NÃO FINANCEIRAS

**Capítulo 1** Benefícios para os funcionários, 36

**Capítulo 2** Por que as organizações oferecem benefícios?, 36

**Capítulo 3** Como estruturar um programa de benefícios, 37

**Capítulo 4** Planejamento estratégico de benefícios, 37

**Capítulo 5** Tipos de benefícios, 39

**Capítulo 6** Medidas de desempenho, 45

**Capítulo 7** Gestão do programa de incentivo, 46

**Capítulo 8** Programas de incentivo individual, 47

Glossário, 54

Na Unidade 1, foi estudado o que é remuneração (salários + **benefícios** + incentivos) e quais métodos as organizações utilizam para definir o valor de um dos seus componentes principais: o salário.

Nesta Unidade, estudaremos os outros dois componentes da remuneração: benefícios e incentivos, também chamados de recompensas financeiras.

Serão estudados, ainda, o que são as recompensas não financeiras e como são oferecidas pelas organizações.

## 1. Benefícios para os funcionários

Segundo Snell e Bohlander (2010), os benefícios constituem uma forma indireta de remuneração destinada a aprimorar a qualidade de vida profissional e pessoal dos colaboradores.

Podemos definir benefícios como o conjunto de programas e planos que envolvem serviços que são oferecidos pela organização para suprir as necessidades dos funcionários.

## 2. Por que as organizações oferecem benefícios?

No Brasil, as organizações passaram a oferecer benefícios aos seus colaboradores para atender demandas de quatro origens diferentes:

- a legislação trabalhista ou previdenciária, que obrigava as organizações a pagar férias, descanso semanal remunerado, 13º salario, salário-família, os primeiros 15 dias de ausência por doença etc.;
- negociações com os sindicatos que, com base na redemocratização do país, passaram a ter uma postura mais reivindicatória e incluíram em suas pretensões alguns benefícios, como, por exemplo, cesta básica, complemento de auxílio-doença, transporte, alimentação etc.;
- para atender a questões relacionadas à crescente preocupação com a responsabilidade social, as organizações passaram a oferecer acesso a serviços de saúde para os funcionários e aos seus dependentes, seguro de vida, tíquete-refeição, complemento de aposentadoria; e
- oferecer aos funcionários serviços ou o acesso a serviços, sem onerar os custos diretos com pessoal. Veja um exemplo, se a organização lhe oferece um tíquete-refeição de R$ 300,00 por mês, sobre esse valor não incide nenhum encargo ou imposto. Por outro lado, se ela acrescesse esse valor ao salário, pagaria o equivalente a R$ 600,00; os R$ 300,00 "adicionais" referem-se a encargos ou impostos trabalhistas.

Cabe destacar que o valor que a organização gasta ou investe, dependendo do ponto de vista, na concessão de benefícios, retorna para ela não diretamente, mas sim de forma indireta, por meio da satisfação dos funcionários, do aumento de produtividade, da retenção e atração de talentos etc.

## 3. Como estruturar um programa de benefícios

De acordo com Snell e Bohlander (2010), a qualidade de um programa de benefícios depende de dois fatores: o primeiro trata da seleção de quais benefícios atenderão às necessidades mais importantes para os funcionários e, ao mesmo tempo, contribuirão para que a organização atinja seus objetivos; o segundo trata da administração efetiva dos programas de benefícios.

Há certa tendência das organizações em oferecer os mesmos benefícios aos funcionários, "padronizando" as práticas adotadas em determinado segmento econômico ou mercado. Na Unidade 1, ao tratarmos da pesquisa salarial, comentamos sobre a coleta de informações referentes aos benefícios que são oferecidos pelas organizações convidadas a participar. Essa prática pode influenciar a tal da "padronização".

Para evitar a "padronização", especialistas recomendam que algumas considerações básicas sejam atendidas.

## 4. Planejamento estratégico de benefícios

Ao começar a estruturar um programa de benefícios, a organização deve identificar que objetivos específicos pretende alcançar. Segundo Snell e Bohlander (2010), os objetivos de uma organização dependerão dos seguintes fatores: tamanho e localização da empresa, força do sindicato, lucratividade e padrões de outras organizações que atuam no mesmo segmento econômico e/ou mercado. Não se deve esquecer que os objetivos dos programas de benefícios precisam ser compatíveis com os objetivos das políticas e filosofia adotadas para definição da remuneração de forma integral. Por exemplo, uma organização pode pagar um salário mais baixo que o mercado paga, porém, oferece um programa de benefícios muito superior ao que esse mesmo mercado disponibiliza. Assim, sua remuneração será maior do que a remuneração paga pelas outras organizações.

Os principais objetivos dos programas de benefícios, de acordo com Snell e Bohlander (2010), são:

- aumentar a satisfação do funcionário no trabalho;
- atrair e reter talentos;
- cuidar do bem-estar, da saúde e segurança do funcionário; e
- manter uma posição competitiva favorável no mercado.

Os programas de benefícios têm, também, como objetivo proporcionar uma adequada gestão de custos. Uma adequada gestão de custos significa não gastar demais nem de menos. A organização tem de gastar aquilo que é necessário e importante para atender às necessidades dos funcionários.

A organização, quando da estruturação de um programa de benefícios, deve se precaver quanto a possíveis problemas que venham a ocorrer, como ser acusada de paternalista, gastar muito com os benefícios e não cuidar dos outros programas de gestão de pessoas, a qualidade dos benefícios tornar-se fonte de queixa e de reclamações etc.

### *Envolvendo os funcionários*

O "alvo" principal dos programas de benefícios são os empregados e, sempre que possível, eles podem participar da sua estruturação e de sua gestão. As organizações podem formar comitês paritários para definir, implantar e gerir um programa de benefícios. Podem realizar pesquisas de opinião para medir o grau de satisfação dos funcionários com o atual programa e também ouvir sugestões para o seu aprimoramento. Podem criar grupos de discussão para ter um feedback sobre a qualidade e satisfação deles com o programa de benefícios.

São muitos os meios que podem ser utilizados. O importante é que a organização ouça seus funcionários para que possa oferecer benefícios que os atendam, deixando-os satisfeitos e motivados.

### *Mantendo atualizado o plano de benefícios*

Como as necessidades humanas e o perfil da mão de obra mudam com o passar do tempo, a organização terá que, sistemática e periodicamente, pesquisar junto aos seus colaboradores quanto o programa de benefícios continua atendendo às necessidades deles. Deve promover ajustes nos programas sempre que identificar a perda de eficácia de um benefício, isto é, ele deixou de ser importante para o empregado porque suas necessidades mudaram.

Snell e Bohlander (2010) citam dois exemplos que reafirmam a importância de manter os programas de benefícios atualizados: muitas empresas oferecem benefícios de assistência médica desnecessários a jovens e solteiros, que são as coberturas de dependentes, ou oferecem um oneroso programa de aposentadoria a uma força de trabalho predominantemente jovem.

Veja outro exemplo: uma organização dimensionou a rede de profissionais e serviços de saúde quando sua força de trabalho era composta por uma grande maioria de homens. Nos primeiros anos, quando avaliava esse benefício, o grau de satisfação era alto. Com o passar o tempo, as pesquisas começaram a demonstrar um crescente grau de insatisfação. A organização fez estudos para identificar a causa dessa insatisfação e constatou que houve uma significativa mudança no perfil de sua força de trabalho: predominavam, naquele momento, as mulheres. Para reverter essa tendência de crescimento da insatisfação, redimensionou toda a rede incluindo mais ginecologistas, obstetras, pediatras e serviços especializados direcionados às mulheres. Com isso, conseguiu que o seu programa de benefícios voltasse novamente a ser um fator de satisfação de seus funcionários.

## 5. Tipos de benefícios

Os benefícios podem ser classificados em dois grupos distintos: os **benefícios compulsórios** e os **benefícios espontâneos**. Entende-se por benefícios compulsórios aqueles que são definidos por lei ou acordo ou convenção coletiva, firmado com os sindicatos que representam os funcionários, como férias, remuneração adicional de férias, 13º salário, vale-transporte, salário-maternidade, seguro de acidentes do trabalho etc. Os benefícios espontâneos são oferecidos por deliberação da organização, sem que haja a necessidade de cumprir uma determinação legal, e procuram atender a necessidades não cobertas pelos benefícios legais, tais como: seguro de vida em grupo, empréstimos, auxílio financeiro, reembolso de despesas com educação, previdência privada etc.

Outra classificação que se pode aplicar aos benefícios refere-se à sua natureza. Segundo essa classificação, os benefícios dividem-se em monetários e não monetários. Os monetários são aqueles que são pagos em dinheiro, como, por exemplo, 13º salário, descanso semanal remunerado, complementação de auxílio-doença. Os não monetários constituem-se em serviços oferecidos pela organização aos funcionários, sem que haja a necessidade de pagamento em dinheiro. São benefícios não monetários: refeitório, clube, sala para leitura ou repouso, posto bancário nas dependências da organização etc.

Podemos, também, classificar os benefícios quanto aos seus objetivos: assistenciais, recreativos e supletivos.

Os benefícios assistências são aqueles que proporcionam ao funcionário e, em algumas situações, a seus dependentes serviços que lhe dão um sentimento de proteção e segurança. São exemplos de benefícios assistenciais: a assistência médico-hospitalar e odontológica, empréstimos e complementação de auxílio-doença ou de aposentadoria.

Os benefícios recreativos oferecidos aos funcionários e às vezes aos seus dependentes visam a atender as necessidades de lazer e recreação. São exemplos de benefícios recreativos: clube ou grêmio, sala de leitura ou de repouso, atividades esportivas, passeios ou excursões.

Os benefícios supletivos são aqueles que buscam dar mais qualidade de vida ao funcionário. São exemplos de benefícios supletivos: horário móvel ou flexível, estacionamento, clube ou cooperativa de compras.

*a) Benefícios flexíveis*

As organizações preocupadas em atender às necessidades dos seus empregados e, considerando que essas necessidades mudam por várias razões, oferecem programas de **benefícios flexíveis**. Segundo Snell e Bohlander (2010), os planos de benefícios flexíveis permitem que cada funcionário escolha os benefícios mais adequados às suas necessidades específicas, evitando o gasto com benefícios que eles não tenham necessidades. A organização disponibiliza para seus funcionários uma lista com os benefícios oferecidos. Cada funcionário, então, escolhe a partir dessa lista os benefícios que mais o interessam. A opção pelos benefícios é limitada a um valor preestabelecido pela organização, que normalmente é representado por um percentual do salário nominal. A organização estabelece um período para que a opção pelos benefícios seja feita e também critérios para que a opção seja alterada, caso o funcionário queira incluir, excluir ou substituir um benefício.

O sucesso de um plano de benefícios flexíveis depende da maturidade dos funcionários, a fim de que escolham benefícios que efetivamente contribuam para atender suas necessidades. Uma escolha malfeita pode trazer problemas tanto para o funcionário como para a organização.

Particularmente, no Brasil, a implantação de um plano de benefícios flexíveis deve ser precedida de uma criteriosa análise dos aspectos legais vigentes – trabalhistas e fiscais –, evitando, assim, que a organização seja surpreendida com autuações ou cobranças de multas por não ter cumprido um dispositivo legal.

A Figura 1 apresenta as vantagens e desvantagens de um plano de benefícios flexíveis.

Figura 1 – Vantagens e desvantagens do plano de benefícios flexíveis

| Vantagens | Desvantagens |
|---|---|
| Os funcionários selecionam benefícios que atendam às suas necessidades individuais. | A má seleção dos benefícios concedidos aos funcionários resulta em custos financeiros indesejáveis. |
| As seleções de benefícios adaptam-se a uma força de trabalho (diversificada) em constante mudança. | Há certos custos adicionais para estabelecer e manter o plano flexível. |
| Os funcionários ganham mais entendimento dos benefícios que lhes são oferecidos e dos custos implícitos. | Os funcionários podem escolher benefícios que por eles são mais utilizados e que aumentam os custos da organização. |
| As organizações maximizam o valor psicológico de seu programa de benefícios, pagando apenas pelos benefícios altamente desejados. | |
| As organizações limitam os custos de benefícios, permitindo aos funcionários "comprá-los" apenas até uma quantia máxima definida. | |
| As organizações ganham vantagem competitiva no recrutamento e na retenção dos funcionários. | |

Fonte: adaptado de Snell e Bohlander (2010).

*Princípios que devem ser considerados para a definição de um programa de benefícios*

A concepção de um programa de benefícios deve satisfazer a dois princípios básicos: o **princípio do retorno do investimento** e o **princípio da mútua responsabilidade**.

*PARA SABER MAIS! Faça uma pesquisa na Internet sobre o custo dos benefícios para as organizações. Você ficará surpreso com o percentual que as organizações pagam para manter um plano de benefícios para seus funcionários.*

O primeiro princípio diz respeito ao retorno que a organização obtém com o plano de benefícios oferecidos, isto é, quanto o programa satisfazendo as necessidades dos funcionários contribuirá para aumentar a produtividade, a motivação, a satisfação dos clientes, a redução de desperdícios etc.

O segundo princípio diz respeito ao custeio do plano de benefícios, que deve contar com a participação dos funcionários. Algumas organizações adotam faixas de participação no custeio, de forma que os funcionários que ganham menores salários tenham uma pequena participação no custeio. À medida que o salário aumenta, aumenta também a participação no custeio.

A Tabela 1 exemplifica como é aplicado esse tipo de participação.

Tabela 1 – Exemplo de participação no custeio de benefícios

| Faixa de Salário Nominal | Percentual de participação do funcionário | Percentual de participação da organização |
|---|---|---|
| Até 3 salários mínimos | 10% | 90% |
| De 3 a 5 salários mínimos | 15% | 85% |
| De 5 a 10 salários mínimos | 25% | 75% |
| De 10 a 15 salários mínimos | 35% | 65% |
| De 15 a 20 salários mínimos | 45% | 55% |
| Acima de 20 salários mínimos | 60% | 40% |

Fonte: Autor.

## Informando os funcionários sobre os benefícios

As organizações devem fornecer aos seus colaboradores informações sobre o plano de benefícios para que tenham um correto entendimento sobre o que lhes é oferecido, as características de cada benefício, os custos envolvidos etc.

De acordo com Snell e Bohlander (2010), como destacam os especialistas, a verdadeira medida de um programa de benefícios de sucesso é o grau de confiança, entendimento e valorização que os empregados demonstram por ele. Para tanto, são vários os meios pelos quais a organização pode comunicar-se com seus colaboradores sobre o plano de benefícios, como:

- Boletins
- Jornal interno
- Murais ou quadros de aviso
- Informações no holerite
- Intranet
- Cartazes

As organizações que adotam o programa de benefícios flexíveis podem disponibilizar um extrato dos benefícios escolhidos pelo funcionário para que ele possa controlar o uso, se for o caso.

## b) Programas de incentivos

Como estudamos na Unidade 1, os planos de remuneração chamados de tradicionais, isto é, atrelado ao cargo, apresentam algumas limitações para as organizações que querem remunerar seus funcionários também pelo desempenho. Para suprir essa deficiência, surgiram os programas de incentivos.

*ATENÇÃO! Os Papas João XXIII e João Paulo II, em encíclicas específicas, trataram da distribuição dos **lucros** como forma de justiça social. Pesquise na internet e veja os detalhes dos conteúdos dessas duas encíclicas e os preceitos filosóficos que as nortearam.*

As políticas e práticas de remunerar os funcionários pelo desempenho já foram adotadas há muito tempo em países mais desenvolvidos. Veja alguns exemplos:

- na França, entre 1917 e 1919, surgiram as primeiras leis que tratavam do assunto. Em 1973, o Código do Trabalho especificou as regras sobre **participação nos lucros**;
- na Espanha está prevista na Constituição de 1931. Os critérios são fixados por pacotes coletivos;
- na Inglaterra não está prevista em lei, mas sua prática é adotada desde meados do século XIX; e
- nos Estados Unidos passou a ser incluída nas negociações coletivas a partir de 1950.

Um programa de incentivos pode ter várias formas de pagamento, como será visto adiante. A participação nos lucros é uma delas e talvez a mais conhecida.

## c) Programas de incentivos e os objetivos da organização

De acordo com Snell e Bohlander (2010), os programas de incentivo enfatizam a vinculação entre as compensações na forma de remuneração, tanto individualmente como em grupo, aos objetivos da organização.

Os incentivos atuam como forma de estímulo aos funcionários para que se esforcem mais e esse esforço tenha mais sentido quando os objetivos e as metas dos funcionários estiverem vinculados aos objetivos e metas da organização.

Por exemplo, uma organização qualquer tem como meta aumentar sua produtividade global. Essa organização só conseguirá aumentar sua produtividade global se cada funcionário aumentar a sua própria produtividade. De maneira simplificada, é como se, para calcular a produtividade global da organização, somássemos a produtividade individual de cada colaborador. O fato de saber que seu esforço para aumentar sua própria produtividade será fundamental para que a organização melhore sua produtividade global, servirá como motivação para um esforço maior.

A Figura 2 apresenta um resumo das principais vantagens dos programas de incentivo.

Figura 2 – Vantagens dos programas de incentivo

- Incentivos focalizam os esforços do funcionário nos objetivos específicos de desempenho. Eles são fontes de motivação genuína que produz ganhos relevantes para o funcionário e para a organização.
- Os desembolsos de incentivo são custos variáveis ligados à realização de **resultados**. Salário-base é custo fixo não relacionado à produção.
- O pagamento de incentivos é diretamente relacionado ao desempenho. Se os objetivos de desempenho (quantitativos ou qualitativos) são atingidos, há pagamento de incentivos; caso contrário, não há o pagamento.
- Incentivos estimulam o trabalho em equipe e a coesão do grupo quando os pagamentos aos indivíduos têm como base os resultados da equipe.
- Os incentivos são um modo de distribuir o sucesso entre os que são responsáveis por sua obtenção.
- Os incentivos são um meio de recompensar ou atrair profissionais com alto nível de desempenho, quando os orçamentos destinados a salários são baixos.

Fonte: adaptado de Snell e Bohlander (2010).

*Requisitos para um programa de incentivos de sucesso*

O sucesso para a implantação de um programa de incentivos depende da maneira utilizada pela organização para apresentá-lo e como sensibilizará os funcionários quanto a sua importância. Snell e Bohlander (2010) afirmam que os funcionários devem ver uma relação clara entre os pagamentos de incentivos que recebem e o seu desempenho.

Para tanto, a definição de padrões quantitativos e qualitativos feita de maneira objetiva será necessária para que os funcionários possam se guiar para medir o seu desempenho. Como contrapartida, os funcionários devem se comprometer com o atendimento dos padrões definidos. O sucesso do programa será maior se os funcionários entenderem que o pagamento dos incentivos é uma recompensa a ser conquistada com esforço.

São quatro as características de um programa de incentivos de sucesso, de acordo com Snell e Bohlander (2010):

- os incentivos financeiros devem estar ligados ao comportamento valorizado;
- o programa de incentivo deve parecer justo aos funcionários;
- os padrões de produtividade/qualidade devem ser desafiadores, mas atingíveis; e
- as fórmulas de distribuição devem ser simples e de fácil entendimento.

Outro fator crítico para o sucesso do programa é a comunicação com os funcionários. A comunicação deve ser clara e objetiva em todas as situações: boas, quando os objetivos estão sendo alcançados, ou más, quando há alguma dificuldade ou impedimento para o alcance dos objetivos.

## 6. Medidas de desempenho

Um componente do programa de incentivo que merece uma atenção especial é o estabelecimento das medidas de desempenho. São elas que se relacionarão com as metas organizacionais e ajudarão os funcionários a reconhecer o que é mais importante. Algumas diretrizes para se definir as medidas de desempenho são apresentadas a seguir:

- as medidas de desempenho devem ser consistentes com os objetivos da organização. Por exemplo: medidas relacionadas ao trabalho dos funcionários são irrelevantes para os funcionários;

- demonstrar que as medidas de desempenho mantêm os gestores e funcionários responsáveis pelo seu sucesso;
- envolver os funcionários na definição dos objetivos e metas e nos critérios de medição e monitoramento;
- a cultura organizacional e a diversidade da força de trabalho devem ser consideradas para a criação das medidas de desempenho;
- a comunicação ampla das medidas de desempenho é fundamental para que os funcionários saibam o que fazer e por que um objetivo deve ser alcançado para o sucesso da organização;
- as medidas de desempenho devem ser facilmente compreendidas pelos funcionários. Muitos detalhes ou fórmulas matemáticas complexas dificultam o entendimento e podem fazer com que haja desconfiança por parte dos funcionários; e
- as medidas de desempenho devem ser observáveis e controláveis. Observável significa utilizar sistemas simples de medição, isto é, o próprio funcionário tem condições de observar se irá ou não alcançar o padrão de desempenho desejado. Controlável refere-se a dar ao funcionário o controle dos meios que utilizará para alcançar o padrão de desempenho requerido. Se o funcionário não tiver controle direto e depender de um terceiro para alcançar sua meta de desempenho, poderá ficar desmotivado.

## 7. Gestão do programa de incentivo

Um programa de incentivo deve ser elaborado, implantado e mantido com todo o cuidado para garantir o seu sucesso.

A utilização de um plano de incentivo é evolutiva, isto quer dizer que o programa pode começar de forma mais tímida e ir evoluindo na medida em que a organização vai aprendendo a lidar com ele e a alcançar os resultados que projetou.

É muito raro uma organização adotar pela primeira vez um programa de incentivo que funcione muito bem, que não tenha pontos a melhorar, que tenha proporcionado uma adequada satisfação para a organização, para os seus gestores e para os funcionários. De acordo com Snell e Bohlander (2010), são três as recomendações dos gerentes de remuneração para o sucesso de um programa de incentivos:

- a eficiência de um programa de incentivo é maior quando os gerentes estão dispostos a conceder incentivos com base no desempenho do indivíduo, do grupo ou da organização. O objetivo básico do programa é motivar o desempenho diferenciado, o desempenho insuficiente não deve ser recompensado;

- as previsões orçamentárias para pagamento da remuneração devem permitir que o desempenho excepcional seja generosamente recompensado. Restrições orçamentárias podem impedir que um desempenho diferenciado seja reconhecido de maneira justa, causando a frustração do funcionário; e
- os custos referentes à implantação e gestão do programa devem ser determinados, incluindo, também, o custo de se estabelecer padrões de desempenho, o custo de manutenção dos registros e do tempo dedicado para comunicar os funcionários, e o custo para responder questões e solucionar queixas.

## 8. Programas de incentivo individual

Um programa de incentivo pode abranger padrões de desempenho para a organização, para os grupos e para os indivíduos. A seguir, alguns exemplos de incentivos individuais.

### Trabalho por produção

A **remuneração por produção** é uma das mais antigas formas de pagamento e pode se tornar um programa de incentivo individual. Nesse tipo de remuneração, o colaborador recebe um valor-base por peça produzida e tem um padrão quantitativo (quantidade de peças produzidas) e outro qualitativo (o percentual de peças aceitas, por estarem dentro das especificações). Ele pode receber um valor adicional ao valor-base se superar os padrões. Esse adicional será calculado levando em conta toda a quantidade produzida dentro dos padrões estabelecidos, e não apenas aquelas que excederam os padrões. Por exemplo, um empregado recebe o valor-base de R$ 2,50 por peça produzida dentro dos padrões estabelecidos. Se a organização oferecer um incentivo de 20%, ele passaria a ganhar R$ 3,00 por peça produzida dentro dos padrões.

### Bônus

Segundo Snell e Bohlander (2010), **bônus** é o pagamento de incentivo a um empregado – creditado usualmente no final de um ano – que não é incorporado ao seu salário. Trata-se de uma remuneração extra para os colaboradores que fizeram um esforço maior e conseguiram melhores resultados. Os resultados são mensurados utilizando-se padrões como, por exemplo, redução de custos, aumento da produtividade, aumento da satisfação do cliente, aumento da satisfação do funcionário etc. Esse tipo de incentivo é muito comum para cargos de gerência e diretoria.

*Prêmios*

Snell e Bohlander (2010) afirmam que os **prêmios** são formas de reconhecimento por um aumento de produtividade, por contribuições especiais ou por realizações específicas e por serviços prestados à organização. Os prêmios podem ser concedidos não em dinheiro, mas em brindes, viagens, férias adicionais, pagamento de cursos de interesse do colaborador etc. Um cuidado deve ser tomado para que os prêmios sejam valorizados: devem estar vinculados ao desempenho do empregado e aos objetivos estratégicos da organização, além de ser atribuídos de forma oportuna, sincera e específica. Dessa forma, o esforço por recebê-los fará mais sentido para os colaborador.

*Incentivos para vendedores*

Os vendedores, em função da natureza do trabalho que executam, são profissionais que devem estar muito motivados. É comum que as organizações ofereçam incentivos por meio do pagamento de comissões diferenciadas para os trabalhadores, para que busquem superar as metas de vendas. O pagamento desse tipo de incentivo leva em consideração a combinação entre o valor do salário fixo e quanto ganhará se atingir as metas de vendas. Não é raro encontrar nas organizações escalas progressivas para o valor das comissões, dessa forma, quando o vendedor vende mais, também ganha mais.

*Remuneração de executivos*

De acordo com Snell e Bohlander (2010), os planos de remuneração de executivos consistem em cinco componentes básicos: salário-base, bônus ou incentivos de curto prazo, incentivos de longo prazo, benefícios e concessão de vantagens.

O salário-base do executivo corresponde, em média, a cerca de um terço da remuneração anual total. Essa prática é adotada para que o executivo não se sinta satisfeito apenas com essa parcela da remuneração. O objetivo principal da função de um executivo é alcançar resultados, superar objetivos e metas. Dessa forma, é coerente que uma grande parcela de sua remuneração venha do recebimento de bônus ou incentivos de curto prazo por ter alcançado ou superado os resultados, metas e objetivos para ele estabelecidos. Segundo Snell e Bohlander (2010), as opções de ações são o principal incentivo de longo prazo para os executivos. Quanto mais a organização se valorizar, maior vai ser o ganho do executivo. Nenhum executivo vai trabalhar para que a sua organização perca valor de mercado. A base para fornecimento de benefícios para os executivos é o pacote de benefícios oferecidos aos empregados. É comum que alguns benefícios sofram ajustes para atender às necessidades dos executivos, como a cobertura do benefício, forma de custeio etc. As vantagens são consideradas recompensas não financeiras, que serão abordadas mais adiante nesta unidade.

## Programas de incentivos para grupos

As organizações que pretendem estreitar a cooperação entre os funcionários ao invés do individualismo adotam programas de incentivos para grupos. De acordo com Snell e Bohlander (2010), os programas de grupo permitem aos colaboradores compartilharem os benefícios da melhoria da eficiência obtida pelas principais unidades da empresa ou por várias equipes de trabalho individuais. Dois tipos de programas de incentivos são utilizados nessa situação: a remuneração por equipe a participação nos lucros e resultados.

A remuneração por equipe tem a finalidade de recompensar os membros da equipe e com um bônus desde que os padrões de desempenho acordados sejam atingidos ou superados. Esse tipo de incentivo cria um ambiente favorável ao desenvolvimento do trabalho em equipe.

## Participação nos lucros e resultados

A participação nos lucros e resultados é um tipo de programa de incentivo que tem como essência a distribuição de parte dos lucros da organização para os funcionários. A participação nos lucros e resultados é também conhecida como remuneração variável.

No Brasil, as primeiras organizações a adotar a remuneração variável foram a João Fortes Engenharia e a Semco em 1988. Nessa época, os sindicatos de funcionários das empresas automobilísticas começaram a reivindicar o pagamento da remuneração variável como forma de distribuição de parte dos lucros auferidos pelas organizações. Surge, então, a participação nos lucros como uma das formas de remuneração variável ou como um dos componentes de um programa de incentivos. Em 1994, o Governo Federal encaminhou para o Congresso Nacional uma medida provisória (MP n. 794, de 29 de dezembro de1994) regulamentando o pagamento da participação nos lucros em todo o território nacional. Essa medida provisória foi reeditada várias vezes e em 10 de dezembro de 2000 foi aprovada, tornando-se a Lei n. 10.101, que regulamenta e dispõe sobre a obrigatoriedade das empresas na implantação do sistema de remuneração (lucros ou resultados).

Existe, conceitualmente, uma diferença entre lucro e resultado. Lucro é uma medida contábil que é utilizada para verificar se a organização, em determinado período de apuração, foi bem-sucedida ou não. De forma simplificada, se ela conseguiu obter um valor com a venda de seus produtos ou serviços, maior do que os custos e despesas que teve para produzi-los, obteve lucro nesse mesmo período. Resultado pode ser entendido como melhorias ou conquistas que a organização conseguiu, também em determinado período, mas que não estão associadas diretamente ao aumento de receita ou contenção de despesas. Por exemplo, a qualidade do produto ou do serviço, a satisfação do cliente, a satisfação do funcionário, podem ser considerados padrões para se medir resultados em uma organização.

Snell e Bohlander (2010) recomendam alguns cuidados que são necessários para que o programa de participação em lucros e resultados seja eficaz:

- os gerentes, de todos os níveis da organização, devem estar comprometidos com o programa;
- representantes de todos os extratos da organização devem ser envolvidos no desenho do programa. O envolvimento favorece a obtenção da confiança e do entendimento dos propósitos e da operação do programa;
- jogos políticos devem ser evitados. O interesse de todos deve ser maior do que os interesses de algumas partes envolvidas com o programa;
- as fórmulas de distribuição das bonificações devem ser consideradas justas e fáceis de calcular, além de possibilitar pagamentos frequentes;
- devem ser estabelecidos padrões de medida efetivos, justos e precisos. Os padrões devem incentivar maior esforço sem deixar de serem razoáveis;
- a organização deve certificar-se de que os funcionários estejam dispostos a um sistema de recompensa baseado na participação nos resultados; e
- o programa deve ser implantado em um período de negócios favorável. Períodos de redução nos negócios prejudicam os pagamentos.

Os passos para a implantação de um programa de participação em lucros e resultados são os seguintes:

*1º passo – Definir a meta principal da organização.*
Muitas empresas que praticam a participação em lucros e resultados definem uma meta principal. Essa meta principal pode ser, por exemplo, aumentar a rentabilidade, reduzir custos, aumentar a participação no mercado etc. Se essa meta principal não for alcançada, nenhum valor de participação nos lucros será pago aos colaboradores. Um aspecto importante é que, além da meta da organização, sejam estabelecidos o prazo, o responsável e o indicador que será utilizado e a forma de medição, para monitorar se a meta será ou não alcançada. Um exemplo de meta da organização seria: aumentar a produtividade da organização em 12% até dezembro de 2015. O responsável por essa meta será o executivo principal da organização.

*2° Passo – Definir metas para as unidades organizacionais*
A partir da meta da organização, metas setoriais envolvendo as unidades organizacionais (diretorias, gerências ou departamentos) são definidas. Na prática o que se faz é desdobrar a meta da organização nas metas setoriais. Por exemplo, um diretor ou um gerente, deve perguntar: o que minha diretoria deve fazer para que a meta da organização seja alcançada? A resposta a essa pergunta será a meta do diretor ou do gerente. Da mesma forma que foi feito para a meta da organização, devem ser estabelecidos o prazo, o responsável e o indicador que será utilizado e a forma de medição. Se forem definidas mais de uma meta para a unidade organizacional é atribuído um peso de acordo com sua importância. Por exemplo, foram definidas duas metas para a diretoria de atendimento ao cliente, (1) aumentar em 20% a produtividade e (2) aumentar de 70% para 80% a satisfação do cliente. O prazo para essas metas é até dezembro de 2015 e o responsável será o diretor. O peso para a meta (1) corresponde a 60% e o peso para a meta (2) será de 40%.

*3° passo – Definir a metas para os grupos ou para os indivíduos*
Após a definição da meta da unidade organizacional, um processo semelhante é aplicado ao desdobramento dessa meta em metas para os grupos e/ou para os indivíduos. Também devem ser definidos os prazos, responsáveis e indicadores de medição. Dando continuidade ao nosso exemplo, vamos supor que a diretoria de atendimento ao cliente possui duas equipes: A e B. Desdobrando as metas da diretoria, as metas da equipe A seriam aumentar a produtividade em 15% e a satisfação do cliente de 70% para 80%. Para a equipe B as metas seriam aumentar a produtividade em 25% e a satisfação do cliente de 70% para 80%. Você deve achar estranho que as metas sejam diferentes. Por que as metas da diretoria não foram desdobradas igualmente entre as duas equipes? Pode ser que a equipe A atenda a um cliente mais seletivo, mais exigente ou que o serviço que oferece aos clientes é mais complexo que aquele oferecido pela equipe B, portanto, não seria justo exigir dela a mesma performance da outra equipe. As metas individuais para os membros da equipe A e da equipe B poderiam ser estabelecidas do mesmo modo. Assim, cada funcionário saberia quanto precisa aumentar de produtividade e quanto deve se esforçar para aumentar a satisfação dos clientes. A distribuição das metas entre os funcionários pode considerar a experiência, as características do cliente que atende, os resultados de produtividade de períodos anteriores etc. Isso significa que um funcionário mais experiente pode ter uma meta maior do que um funcionário novato.

*4° passo – Definir os critérios para pagamento*
Um importante passo para o sucesso da participação nos lucros e resultados é a definição dos critérios que serão considerados para apuração do valor que será pago a cada funcionário. Geralmente, esses critérios referem-se a: remuneração

base para cálculo (salário nominal), número de salários que poderá ser pago, peso das metas, pagamentos proporcionais para os funcionários que entrarem ou que saírem durante o período de apuração das metas etc.

*5° passo – Comunicar as metas*
As metas, concluída a sua definição, devem ser comunicadas aos envolvidos, diretores, gerentes e funcionários. Um atitude facilitadora e agregadora que pode ser tomada pela organização é incluir os envolvidos na definição das metas. O resultado prático dessa atitude será o comprometimento de todos para o alcance das metas, uma vez que elas são de todos e não apenas do presidente ou do diretor.

*6° passo – Medir as metas*
Durante o período que foi estabelecido as metas devem ser medidas utilizando-se os padrões e indicadores. A medição pode ser mensal ou em períodos pré-definidos em função da natureza da meta. Por exemplo, produtividade pode ser medida mensalmente, porém, a satisfação do cliente será medida em intervalos maiores – um ano ou seis meses.

*7° passo – Apurar o valor da participação nos lucros e resultados*
Com a medição das metas concluída, é possível fazer a apuração do valor que será ou não pago a título de participação em lucros e resultados. Vamos imaginar a seguinte situação:

1 A organização alcançou sua meta, isto é, conseguiu alcançar sua meta: a rentabilidade foi de 13%, e a meta era de 12%.

2 A diretoria de atendimento alcançou a meta de produtividade: obteve como resultado 22%, mas não alcançou a meta de satisfação do cliente, pois alcançou como resultado 76%.

3 A equipe A alcançou ambas as metas: a produtividade foi de 17% e a satisfação do cliente de 80%.

4 Um funcionário da equipe A tem salário de R$ 2.000,00 por mês e pelos critérios definidos teria direito a 2 (dois) salários de participação nos resultados.

5 O valor que teria que receber seria, se todas as metas fossem alcançadas:
- R$ 2.000,00 (salário nominal) X 2 salários = R$ 4.000,00.

- Contudo, como a diretoria não alcançou a meta de satisfação do cliente, assim o valor da participação nos resultados seria o seguinte:

- R$ 2000,00 (salário nominal) X 2 salários X 60% (peso da meta 1) = R$ 2.400,00. A diferença de R$ 1.600,00 que deixará de receber corresponde a 40% do valor base (R$ 4.000,00), pois a meta 2 (satisfação do cliente) não foi alcançada.

O pagamento da participação nos resultados pode ser feito de outras formas além do pagamento em dinheiro. Uma das formas utilizadas é o pagamento em ações da organização. O valor que o funcionário teria direito em dinheiro é utilizado para calcular quantas ações receberia. Nesse caso, a organização considera no cálculo um valor por ação mais baixo do que o praticado no mercado de ações. Assim o funcionário receberá uma quantidade maior de ações do que se fosse adquiri-las na bolsa de valores, por exemplo.

## Recompensas não financeiras

O ser humano é um ser complexo e sua maior fonte de motivação é a busca da satisfação de suas necessidades humanas, assunto que já exploramos quando falamos da remuneração. Uma remuneração justa (salário + benefícios + incentivos) pode se constituir em um grande facilitador para que os funcionários se sintam recompensados e retribuam esse sentimento melhorando os resultados da organização. Contudo, nem sempre o pagamento em dinheiro ou o acesso a bens e serviços, sozinhos, proporcionam um bem-estar e motiva os funcionários. Isso se explica em razão de que algumas necessidades humanas não são atendidas com recompensas em dinheiro. É aí que surgem as recompensas não financeiras. As recompensas não financeiras referem-se a oportunidades ou situações criadas ou percebidas nas organizações que possibilitam que os funcionários tenham orgulho de nela trabalhar, tenham autonomia para tomar decisões relacionadas ao trabalho, se sintam seguros, saibam qual é o sentido de seu trabalho e como ele é importante para a organização, que seu desempenho diferenciado seja elogiado publicamente etc. São sentimentos positivos, que podem aumentar a satisfação dos funcionários, mas que não estão diretamente relacionados a algum pagamento em dinheiro. O valor de uma recompensa não financeira é atribuído por quem a recebe. Essa afirmação reforça o que já comentamos quando abordamos o tema benefícios: da mesma forma, a eficácia das recompensas não financeiras é maior quando a organização conhece o comportamento de seus funcionários.

## Equilíbrio entre as recompensas financeiras e recompensas não financeiras

Os especialistas em gestão de pessoas sugerem que as organizações pratiquem, de forma equilibrada, as duas modalidades de recompensas: as recompensas financeiras e as recompensas não financeiras. Isto significa que, em determinadas situações, reconhecer um esforço do funcionário dando-lhe alguma recompensa em dinheiro pode causar um impacto positivo em sua satisfação e em seu desempenho. Por outro lado, ocorrerão outras situações em que uma valorização do seu esforço por meio de uma recompensa não financeira possa surtir o efeito semelhante.

## Glossário – Unidade 2

**Benefícios** – conjunto de programas e planos que envolvem serviços que são oferecidos pela organização para suprir necessidades dos funcionários.

**Benefícios compulsórios** – definidos por lei ou por acordo ou convenção coletiva.

**Benefícios espontâneos** – oferecidos por deliberação da organização para atender a necessidades não cobertas pelos benefícios legais.

**Benefícios flexíveis** – benefícios oferecidos que permitem a cada funcionário escolher aqueles que melhor atendem às suas necessidades, a partir de uma lista elaborada pela organização.

**Bônus** – remuneração extra para os funcionários que fizeram um esforço maior e conseguiram melhores resultados. Geralmente, aplicados a gerentes e executivos.

**Lucro** – diferença positiva entre receita e despesas.

**Participação nos lucros** – tipo de incentivo que tem como essência a distribuição de parte dos lucros da organização para os funcionários.

**Prêmios** – formas de reconhecimento por um aumento de produtividade, contribuições especiais ou por realizações específicas e por serviços prestados à organização.

**Princípio da mútua responsabilidade** – formas de participação no custeio dos benefícios.

**Princípio do retorno do investimento** – programa de benefícios que proporciona uma satisfação dos funcionários e que pode contribuir para o aumento da produtividade, motivação, satisfação do cliente, redução de desperdícios etc.

**Remuneração por produção** – forma de pagamento vinculada à quantidade e a qualidade das peças produzidas.

**Resultado** – melhorias ou conquistas que a organização conseguiu, também em determinado período, mas que não estão associadas diretamente ao aumento de receita ou contenção de despesas.

# UNIDADE 3
## TREINAMENTO E DESENVOLVIMENTO DE PESSOAL

**Capítulo 1** Conceitos, 57

**Capítulo 2** Objetivos do treinamento, 57

**Capítulo 3** Vantagens do treinamento, 58

**Capítulo 4** Tipos de treinamento, 58

**Capítulo 5** Conteúdo do treinamento, 59

**Capítulo 6** Abordagem sistêmica do treinamento, 59

**Capítulo 7** Levantamento de necessidades de treinamento, 60

**Capítulo 8** Análise da organização, 62

**Capítulo 9** Análise do trabalho, 64

**Capítulo 10** Análise da pessoa, 65

**Capítulo 11** Indicadores, 65

**Capítulo 12** Projeto de treinamento, 66

**Capítulo 13** Objetivos instrucionais, 66

**Capítulo 14** Prontidão e motivação dos treinandos, 66

**Capítulo 15** Princípios da aprendizagem, 67

**Capítulo 16** Características dos instrutores, 69

**Capítulo 17** Elementos do programa de treinamento, 70

**Capítulo 18** Métodos de treinamento, 71

**Capítulo 19** Métodos de treinamento para desenvolvimento gerencial, 75

**Capítulo 20** Outros métodos para desenvolvimento gerencial, 76

**Capítulo 21** Avaliação do programa de treinamento, 78

Glossário, 83

## 1. Conceitos

Em um mundo como o que vivemos atualmente, a competitividade é um fator importante para a sobrevivência das organizações e para as pessoas. Como um dos elementos mais fundamentais para a competitividade, a qualificação dos colaboradores tem-se mostrado uma política eficaz para a gestão de pessoas. Essa qualificação pode ser obtida com a aplicação de programas de treinamento ou de **desenvolvimento**. Vamos conhecer os conceitos e as diferenças entre treinamento e desenvolvimento.

**Treinamento** é um processo que tem como objetivo melhorar o desempenho de um funcionário no cargo que ocupa. Seu foco são as atividades, os métodos e processos que são executados no exercício do cargo, e sua expectativa de resultado – melhoria do desempenho – é de curto prazo.

O desenvolvimento tem como objetivo preparar um funcionário para que ele possa progredir em determinada carreira na organização. Seu foco é o aprimoramento de competências (conhecimentos, habilidades e atitudes) que serão exigidas quando o colaborador, que está atravessando o processo de desenvolvimento, passar a ocupar um cargo de nível superior em relação ao que ocupa originariamente. O tempo de resposta dos programas de desenvolvimento são, ao contrário dos programas de treinamento, de médio ou longo prazo. De acordo com Snell e Bohlander (2010), os dois termos tendem a combinar-se numa única frase – treinamento e desenvolvimento – para indicar a combinação de atividades nas organizações que aumentam a base de competências dos empregados. Um programa de desenvolvimento de um colaborador pode conter vários programas de treinamento que serão realizados para alcançar seu objetivo.

Vejamos a seguinte situação: imaginemos dois trabalhadores participando de um programa de treinamento sobre liderança. Um deles é o gerente e o outro é um analista – ambos da área financeira. Segundo os conceitos apresentados, o gerente financeiro está sendo treinado, uma vez que lhe é exigido, para o exercício do cargo de gerente, o domínio da competência de liderança. Espera-se que, após o treinamento, ele melhore sua liderança. Segundo os mesmos conceitos, o analista financeiro está sendo desenvolvido. Para o exercício do cargo de analista, não lhe é exigido o domínio da competência de liderança. Por outro lado, quando vier a assumir um cargo de gerente, já estará preparado para exercê-lo e ser um bom líder.

## 2. Objetivos do treinamento

Segundo Snell e Bohlander (2010), a principal razão de as empresas treinarem os seus colaboradores é elevar suas competências ao nível exigido para um desempenho satisfatório. Como objetivo secundário, o treinamento pode, ao longo do tempo, preparar os empregados para se tornarem mais eficientes e capazes de desempenhar tarefas em cargos de outras áreas ou de níveis superiores.

## 3. Vantagens do treinamento

O desenvolvimento e implantação de um programa de treinamento poderá trazer os seguintes benefícios, segundo Carvalho (2014):

*a) Para o mercado de trabalho:*

- definição das características e atribuições dos trabalhadores;
- racionalização dos métodos de formação e aperfeiçoamento dos colaboradores;
- melhoria dos padrões profissionais dos treinandos.

*b) Para os colaboradores:*

- possibilidade de aproveitamento das suas aptidões;
- favorecimento do espírito de competição e fortalecimento da confiança como processo normal da melhoria funcional;
- valorização do trabalho e elevação do ambiente moral da organização.

*c) Para a organização:*

- melhoria dos produtos e serviços oferecidos;
- possibilidade de ampliação ou transformação dos programas de trabalho;
- disponibilidade para os postos de gerência e supervisão imediata na própria organização;
- melhores condições de adaptação aos progressos tecnológicos;
- economia de custos pela eliminação dos erros na execução do trabalho;
- condições de competitividade, em razão da capacidade de oferecer melhores produtos e serviços;
- tendências à diminuição dos acidentes e do desperdício pela melhoria das técnicas de trabalho.

## 4. Tipos de treinamento

São três os tipos básicos de treinamento: orientação inicial, treinamento operacional e treinamento gerencial.

**a) Orientação inicial**: é um dos primeiros passos no sentido de socializar o novo colaborador na organização. Algumas organizações dão a esse tipo de treinamento o nome de programa de integração, que consiste na transmissão, ao trabalhador recém-contratado, de informações gerais sobre a organização: história, valores, normas de conduta, produtos e serviços, benefícios que oferece etc. Seu objetivo principal é facilitar a adaptação do funcionário à cultura da organização.

**b) Treinamento operacional**: procura atender às necessidades relacionadas aos processos de produção ou de operação de uma organização (produção, vendas, atendimento ao cliente, suprimentos etc.) e, normalmente, tem como objetivo capacitar os empregados a melhorar o seu padrão de desempenho.

**c) Treinamento gerencial**: são programas de treinamento para aprimorar as funções de liderança para aqueles trabalhadores que já a exercem ou para preparar futuros líderes. O objetivo principal desse treinamento é desenvolver as competências necessárias para o bom exercício da liderança na organização.

## 5. Conteúdo do treinamento

Como a razão principal do treinamento é elevar as competências dos trabalhadores, o conteúdo de um programa de treinamento pode ser dividido em três tipos básicos:

**a) Informações ao colaborador**: o foco deste tipo de treinamento é disseminar informações entre os empregados, que pode ser referente às políticas e normas da organização, aos seus produtos e serviços, conhecimentos necessários à operação de processos etc. A dimensão de competência que é tratada nesse tipo de treinamento é o conhecimento ou o saber.

**b) Desenvolvimento de habilidades**: a habilidade está relacionada ao saber fazer. Significa ter a aptidão, a destreza para executar determinada tarefa. Um programa de treinamento pode ajudar os colaboradores a desenvolver ou melhorar suas habilidades.

**c) Melhorando as atitudes**: a atitude está relacionada ao querer fazer, ou, de outra forma, à motivação para fazer. Os treinamentos voltados para as atitudes concentram-se em aspectos motivacionais, mudança de atitudes em relação a subordinados, a pares ou a clientes, por exemplo. Quando as organizações aderiram aos programas de qualidade total, investiram muito dinheiro e tempo para modificar as atitudes de seus colaboradores para que vissem os clientes com outros olhos (o cliente é o rei) e também passassem a operar processos padronizados.

## 6. Abordagem sistêmica do treinamento

De acordo com Snell e Bohlander (2010), em uma perspectiva mais ampla, o objetivo do treinamento é contribuir para a realização das metas gerais da empresa. Se esse objetivo mais amplo não for considerado, a organização poderá promover uma série de programas de treinamento que não agregarão valor nenhum, isto é, não contribuirão para a melhoria dos resultados. Muito dinheiro e tempo serão desperdiçados em função dos programas de treinamento realizados não estarem vinculados aos objetivos da organização.

Snell e Bohlander (2010) recomendam que, para que problemas dessa natureza não ocorram, se recorra à abordagem sistêmica do treinamento. Essa abordagem envolve quatro etapas: levantamento de necessidades; projeto do programa; implementação do programa; avaliação da eficácia do treinamento.

A Figura 1 ilustra a visão sistêmica considerando as quatro etapas.

Figura 1 – Modelo de sistemas de treinamento

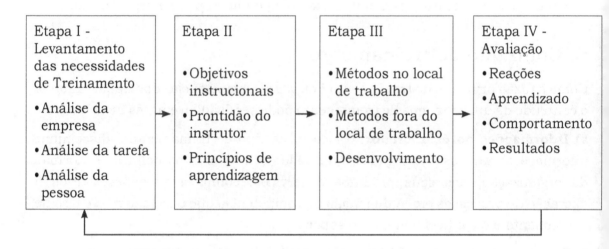

Fonte: Snell e Bohlander (2010).

A seguir, detalharemos cada uma dessas etapas.

## 7. Levantamento de necessidades de treinamento

Treinamento não é a solução mágica para todos os problemas da organização. Como já dissemos, pode-se desperdiçar tempo e dinheiro com treinamento, sem que os problemas sejam resolvidos. São muitos os problemas na organização que sinalizam a necessidade de treinamento: baixa produtividade dos trabalhadores, queixas excessivas dos clientes, índices elevados de acidentes do trabalho etc.

Em função dos custos envolvidos, da competência para a sua realização e do tempo disponível, boa parte das organizações não fazem adequadamente o levantamento das necessidades de treinamento.

O Quadro 1 fornece algumas sugestões de como fazer rapidamente um bom levantamento das necessidades de treinamento.

Quadro 1 – Como fazer com rapidez o levantamento de necessidades de treinamento

**Como fazer com rapidez o levantamento de necessidades de treinamento**

1. Examine o foco do problema: procure saber dos gerentes e empregados qual a natureza e o impacto do problema para a organização. A partir das respostas desenvolva sua análise.

2. Examine a organização: procure saber o que está acontecendo com a organização, quais seus planos para o futuro.

3. Entre no jogo do "dar e receber": compartilhe os dados que levantar com os gerentes e diga-lhes que entende suas necessidades e está buscando uma forma para ajudá-los.

4. Consulte os "achados e perdidos": procure levantar informações em todos os lugares disponíveis. Dados fornecidos pelo sistema de avaliação de desempenho ou pelo recrutamento e seleção poderão ser um ponto de partida.

5. Use termos simples: não utilize termos muito técnicos e estabeleça com os gerentes uma conversa direta, que os esclareça sobre os seus propósitos.

6. Utilize a web: a tecnologia da informação é um precioso e potente recurso que poderá utilizar para o levantamento de informações. Poderá utilizá-la para enviar questões, compartilhar recursos e informações, reunir informações sobre tendências etc.

7. Crie rapidamente uma proposta de programa: crie com rapidez uma proposta de programa de treinamento, avaliando-a e revisando-a conforme você implementa e aprende mais sobre os problemas.

8. Busque modelos: encontre na organização colaboradores que demonstram o desempenho que a organização deseja. Promova conversas entre eles sobre questões de desempenho e deixe que os modelos compartilhem suas experiências. Isso evita o risco de fornecer informações erradas e de as pessoas aprenderem apenas o que elas precisam saber umas das outras.

Fonte: adaptado de Snell e Bohlander (2010).

Segundo Snell e Bohlander (2010), para terem certeza de que determinado programa de treinamento é oportuno e focalizado nas prioridades, os gerentes devem fazer a avaliação sistemática das necessidades de treinamento, utilizando três tipos de análises (Figura 2): a análise da empresa, a análise de tarefas e a **análise da pessoa**. Cada uma delas será detalhada a seguir.

Figura 2 – Avaliação das necessidades de treinamento

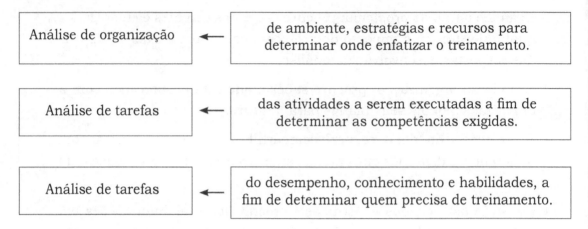

| Análise de organização | ← | de ambiente, estratégias e recursos para determinar onde enfatizar o treinamento. |
| Análise de tarefas | ← | das atividades a serem executadas a fim de determinar as competências exigidas. |
| Análise de tarefas | ← | do desempenho, conhecimento e habilidades, a fim de determinar quem precisa de treinamento. |

Fonte: Snell e Bohlander (2010).

## 8. Análise da organização

Segundo Snell e Bohlander (2010), a análise da organização é um exame do ambiente, das estratégias e dos recursos da organização para determinar onde a ênfase de treinamento deve ser colocada.

A análise da organização leva em consideração os objetivos e os recursos utilizados para que esses objetivos sejam alcançados. Estuda, também, o ambiente em que a organização atua, observando os aspectos sociais, econômicos, políticos, legais e tecnológicos.

Carvalho (2014) afirma que a finalidade da análise é apresentar um quadro da efetiva situação em que se encontra a organização com base nos recursos humanos disponíveis para atingir suas metas.

A análise organizacional deve procurar responder às seguintes questões:

- A organização possui recursos humanos na quantidade e na qualidade necessária para alcançar seus objetivos?

- Existe, em todos os níveis, utilização suficiente dos recursos físicos, da produtividade do pessoal, da qualidade do produto e dos serviços e das relações com o mercado?
- O clima da organização estimula aos trabalhadores a executar suas atividades de modo eficiente?

Uma análise organizacional bem feita envolve, indistintamente, todas as áreas da organização e depende dos seguintes elementos:

- **Orientação**: a análise organizacional deve ser objetiva e transparente para que cada funcionário possa fornecer, por meio dos instrumentos utilizados, informações precisas.
- **Estímulo**: os trabalhadores envolvidos com o levantamento de necessidades devem ser estimulados a responder às questões e ser conscientizados da importância que o treinamento terá para ajudá-los a melhorar seu desempenho.
- **Desempenho da organização**: trata-se da análise objetiva de informações acerca do desempenho da organização e de como seus resultados foram alcançados.
- **Política de treinamento**: os resultados da análise da organização devem direcionar para a formulação de uma política de treinamento, para o desenvolvimento de planos e programas, que visem a qualificar os seus empregados.

Para a realização da análise organizacional é possível dispor dos seguintes modelos:

- **Modelo macroestrutural**: segundo Carvalho (2014), tem por finalidade fornecer à área de treinamento da organização um inventário geral e preliminar de todas as variáveis macroestruturais, como planejamento, controle, liderança, comunicação, tomada de decisão, coordenação, motivação etc. Segundo o autor, todos os colaboradores devem responder ao instrumento de levantamento que forem aplicados.
- **Modelo microestrutural**: de acordo com Carvalho (2014), é recomendado nas situações em que haja necessidade de se conhecer a estrutura organizacional das unidades organizacionais (divisões, gerências, departamentos, setores, seções etc.), envolvendo os seguintes aspectos:
  - necessidades e justificativas de formação na unidade organizacional;
  - sugestão de tipos de treinamento para suprir as necessidades levantadas;
  - população-alvo, isto é, os empregados que devem ser treinados;
  - periodicidade para a realização do treinamento.

Ao final da análise da organização a área responsável pelos treinamentos na organização terá as seguintes informações:

- O potencial quantitativo e qualitativo dos empregados da organização.
- O nível tecnológico utilizado nos processos da organização – automação, informatização etc.
- O impacto nos custos diretos e indiretos da mão de obra.
- O detalhamento do clima organizacional.

## 9. Análise do trabalho

O objetivo da análise do trabalho é comparar os requisitos mínimos exigidos pelos cargos com os atributos de cada um dos seus ocupantes. Como atributos, temos a escolaridade, a experiência, o domínio de habilidades específicas etc.

A análise do trabalho é um método de levantamento de necessidades de treinamento, pois identifica a diferença entre o desempenho realizado e o desempenho desejado, isto é, a distorção ou defasagem entre o que o ocupante do cargo de fato fez (desempenho) e o que deveria fazer (descrição do cargo). Havendo distorção ou defasagem, teremos uma necessidade de treinamento diagnosticada.

Para a realização da análise do trabalho a organização pode utilizar:

- **Questionário**: pode ser aplicado a grandes grupos de trabalhadores. A elaboração do questionário deve considerar a objetividade, a clareza e a linguagem adequadas para facilitar o entendimento e a resposta por parte do colaborador.
- **Entrevista**: um profissional especializado em treinamento entrevista uma amostra de empregados para coletar informações que permitam identificar as necessidades de treinamento. Geralmente, é utilizado um roteiro ou um formulário para facilitar a realização da entrevista e o registro das informações coletadas.

## 10. Análise da pessoa

A análise da pessoa, segundo Carvalho (2014), tem como objetivo obter dados subjetivos a respeito do funcionário. A análise tem como resultado um diagnóstico, a partir do qual são traçados parâmetros para a realização de um treinamento. Na análise da pessoa são considerados os seguintes aspectos:

- **Conhecimentos**: são levantados os conhecimentos formais que o funcionário adquiriu durante sua vida e também os treinamentos que recebeu na organização ou em empregos anteriores.

- **Habilidades**: trata-se das habilidades que o funcionário tem desenvolvidas e que são utilizadas para determinado trabalho.

- **Atitudes**: Carvalho (2014) define atitudes como um conjunto de mudanças vitais que fazem parte do processo de aprendizagem, passando por alterações ao longo do tempo que o determinam "como", "o que", e "por que" do comportamento.

Para a realização da análise da pessoa, a organização aplica testes que podem fornecer informações precisas para verificação e confirmação de determinados aspectos individuais, com boa margem de acerto. As diferenças entre o comportamento desejado e o comportamento observado do funcionário podem indicar necessidades de treinamento.

## 11. Indicadores

Um dos pontos críticos na etapa de levantamento de necessidades consiste em transformar as informações coletadas em indicadores. Podemos definir indicadores como medidas quantitativas ou qualitativas que indicam os resultados obtidos pela organização no que se refere à viabilização da estratégia, desempenho operacional, satisfação dos clientes, motivação dos empregados etc. São exemplos de indicadores associados a necessidades de treinamento: baixa produtividade, avarias frequentes em equipamentos e instalações; erros e desperdícios; número de acidentes; excesso de queixas; absenteísmo; clima organizacional.

## 12. Projeto de treinamento

Uma vez levantadas as necessidades, a próxima etapa é projetar o treinamento. Especialistas em treinamento recomendam que o projeto do treinamento deve focalizar quatro questões: **objetivos instrucionais**; prontidão e motivação dos treinandos; **princípios de aprendizagem**; características dos instrutores.

## 13. Objetivos instrucionais

De acordo com Snell e Bohlander (2010), objetivos instrucionais descrevem as habilidades ou os conhecimentos a serem adquiridos e/ou as atitudes a serem mudadas. Os objetivos instrucionais descrevem as expectativas de comportamento que serão observados nos treinandos, após a realização do treinamento. Veja um exemplo de objetivo instrucional: o treinando será capaz de dizer ao pé da letra os nomes dos Presidentes do Brasil na ordem que eles serviram. Por que é um objetivo instrucional? Neste exemplo, o instrutor será capaz de observar o estudante relatando o que aprendeu e poderá medir o resultado.

Recomendam os autores Snell e Bohlander que os objetivos instrucionais devem ser claros, fornecendo uma base segura para escolher métodos e materiais instrucionais e para selecionar os meios de avaliar a eficácia do treinamento.

## 14. Prontidão e motivação dos treinandos

A prontidão dos treinandos diz respeito à sua maturidade e à sua experiência com relação ao objetivo ou conteúdo do treinamento. Uma avaliação do conhecimento e das habilidades que os treinandos possuem antes de serem treinados será de grande utilidade para o projeto do treinamento. Em determinadas situações será necessário um pré-treinamento para equalizar ou homogeneizar os conhecimentos e habilidades dos treinandos para que, quando estiverem no treinamento propriamente dito, não tenham dificuldades em entender e absorver o que lhes for apresentado.

Os treinandos devem estar motivados para participar do treinamento. Os treinandos devem ter consciência da importância da aquisição de novos conhecimentos e habilidades e manifestar a vontade de aprender e com o aprendizado melhorar seu desempenho. A motivação dos treinandos depende da importância que o gerente dá ao treinamento, criando um ambiente favorável ao aprendizado. Um gerente pode utilizar algumas das seguintes estratégias para motivar seus trabalhadores a participar de um programa de treinamento: reforço positivo, não utilizar ameaças e punições, ser flexível, definir metas em conjunto com os participantes do treinamento, remover obstáculos físicos e psicológicos que possam dificultar o aprendizado.

## 15. Princípios da aprendizagem

De acordo com Snell e Bohlander (2010), princípios de aprendizagem são as características dos programas de treinamento que ajudam os colaboradores a captar novos materiais, a entender como podem usá-los na vida deles e a transferi-los para a execução de suas atividades no trabalho. Esses autores apresentam oito princípios de aprendizagem, conforme demonstrado na Figura 3.

Figura 3 – Princípios de aprendizagem

Fonte: Snell e Bohlander (2010).

### Estabelecimento de metas

De acordo com Snell e Bohlander (2010), estabelecer metas para focalizar e motivar o comportamento é um procedimento também valioso, que se estende ao treinamento. Os níveis de interesse no treinamento aumentam quando os treinandos são incentivados a estabelecer metas ou quando os instrutores dedicam um tempo para explicar aos treinandos quais foram as metas definidas para o programa.

## Significatividade do conteúdo

O conteúdo a ser aprendido deve ser apresentado de forma que os treinandos possam compreender o seu significado. Os treinandos terão mais facilidade em absorver informações se puderem associá-las a coisas que já conhecem e que para eles tem algum significado. O conteúdo deve ser organizado e apresentado de forma a lhes possibilitar uma integração com outras experiências e com padrões de conhecimento e habilidades aplicáveis.

## Modelagem

De acordo com Snell e Bohlander (2010), a modelagem demonstra o comportamento ou o método desejado a ser aprendido. A modelagem aumenta a importância do treinamento comportamental.

## Diferenças individuais

Os indivíduos são diferentes e, portanto, aprendem de maneiras diferentes. Uns aprendem fazendo, outros observando, outros entendendo o significado ou o conceito. Sempre que possível, os programas de treinamento devem levar em consideração as diferenças individuais para, ao atendê-las, facilitar o aprendizado.

## Prática ativa e repetição

No projeto de um programa de treinamento, devemos criar condições para que os treinandos possam praticar aquilo que estão aprendendo. Isso facilitará a absorção do conhecimento e o desenvolvimento de habilidades. Por exemplo, um funcionário que está sendo treinado para operar uma máquina, deve ter a oportunidade de praticar nela aquilo que aprendeu ou está aprendendo.

## Aprendizado do todo *versus* aprendizado das partes

As atribuições de um cargo podem ser divididas em partes. Saber que conhecimentos, habilidades e atitudes são necessárias para desempenhar bem cada uma dessas partes pode contribuir para melhorar a eficácia do treinamento. Trabalhar cada uma das partes no programa de treinamento poderá ajudar o treinando a aprender mais fácil e rapidamente.

## Aprendizagem maciça ou distribuída

O sucesso de um programa de treinamento pode estar relacionado à quantidade de tempo que lhe será dedicado. Qual é a melhor forma: fazer um treinamento em um único período de oito horas ou dividi-lo em dois períodos de quatro horas? Pesquisas indicam que espaçar o treinamento melhorará seu resultado e proporcionará uma retenção mais longa dos conteúdos por parte do treinando.

## Feedback e reforço

Fornecer *feedback* para o treinando durante a realização de um programa de treinamento ajudará a melhorar sua atenção para com o aprendizado, pois ele saberá o que está fazendo de certo e o que estão fazendo de errado. O feedback pode influenciar a motivação do treinando. Da mesma forma, incentivos, elogios e outras recompensas não financeiras funcionam como um reforço para que o treinando não desanime ou mantenha elevada sua motivação.

## 16. Características dos instrutores

Os instrutores são elementos fundamentais para o sucesso de um programa de treinamento. O preparo, o conhecimento do conteúdo e a habilidade de instrução são algumas das características que influenciam o desempenho do instrutor. Snell e Bohlander (2010) apresentam algumas características desejáveis para ser um bom instrutor:

- **Adaptabilidade**: o instrutor deve adaptar seus métodos à capacidade de aprendizagem dos treinandos.

- **Sinceridade**: a sinceridade do instrutor é admirada pelos treinandos. A paciência e a facilidade para lidar com pessoas de maneira sincera também são importantes na relação instrutor *versus* treinando.

- **Senso de humor**: criar situações divertidas, sem perder o bom senso, podem tornar o clima mais favorável ao aprendizado.

- **Interesse**: os bons instrutores têm muito interesse no assunto que ensinam.

- **Instruções claras**: dar instruções claras ajuda os treinandos a aprender mais rapidamente.

- **Assistência individual**: os instrutores que dedicam atenção especial a um funcionário que está apresentando alguma dificuldade quanto ao aprendizado conseguem melhorar o resultado do aprendizado.

- **Entusiasmo**: dinamismo e vibração por parte dos instrutores contagiam os treinandos, facilitando o aprendizado.

Muitas organizações investem na formação de instrutores que também passam por programas de formação e de reciclagem. Outras colocam a instrução como forma de reconhecimento e oferecem bonificações para quem exerce esse importante papel.

## 17. Elementos do programa de treinamento

Como vimos, existem muitos aspectos que devem ser considerados na concepção de um projeto de treinamento. O Quadro 2 apresenta um resumo das questões principais de devem ser respondidas pelo projeto do treinamento.

Quadro 2 – Questões sobre o projeto do treinamento

| | |
|---|---|
| Quem treinar? | Treinandos: colaboradores que devem passar pelo programa de treinamento. Em determinadas situações no levantamento de necessidades é pesquisada uma amostra de empregados. Para o projeto do treinamento devemos considerar todos os trabalhadores que ocupam o cargo objeto do treinamento. |
| Por quem ser treinado? | Instrutor. O instrutor será interno ou externo à organização? O instrutor já foi treinado? Tem experiência em instrução? |
| Como treinar? | Refere-se aos métodos e às técnicas que serão utilizados no treinamento. |
| Em que treinar? | Refere-se ao conteúdo que será abordado no treinamento. O conteúdo pode ser dividido em módulos ou ciclos, se for muito extenso. |
| Onde treinar? | Em que local será realizado o treinamento? O treinamento poderá ser realizado no próprio local de trabalho ou em locais específicos, tais como salas de treinamento ou hotéis. A decisão do local depende da infraestrutura disponível na organização e a natureza do treinamento. |
| Quando treinar? | O período em que será realizado o treinamento. O treinamento deve ser realizado, sempre que possível, no horário normal de trabalho. |
| Para que treinar? | Refere-se aos objetivos do treinamento. |

Fonte: Autor.

## 18. Métodos de treinamento

A escolha dos métodos de treinamento deve estar sintonizada com os objetivos estabelecidos a partir do levantamento das necessidades, o conteúdo a ser trabalhado, as habilidades do instrutor e, por último, devem levar em consideração também a infraestrutura e o período em que o treinamento será realizado.

A seguir serão apresentados os métodos de treinamento mais utilizados pelas organizações:

### Treinamento no local de trabalho

Também chamado de **on the job training**, é um método pelo qual os trabalhadores adquirem experiência prática, no seu local de trabalho, ao receberem instruções do seu próprio supervisor ou de um instrutor especialmente designado para esse fim.

Snell e Bohlander (2010) recomendam as seguintes regras para a adequada realização de um treinamento no local de trabalho:

- **Preparar**: decidir o que precisa ser ensinado aos empregados. Identificar a melhor sequência ou as etapas do treinamento. Decidir a melhor maneira de demonstrar essas etapas. Dispor dos materiais, recursos e equipamentos prontos para o uso imediato.

- **Reafirmar**: deixar todos os colaboradores à vontade. Tentar deixá-los interessados, relaxados e motivados para aprender.

- **Orientar**: mostrar aos empregados o modo correto de realizar o trabalho e explicar por que deve ser feito desse modo. Comentar como esse trabalho se relaciona com os outros. Deixar que cada funcionário faça todas as perguntas que quiser.

- **Preceder**: quando os empregados estiverem prontos, deve-se permitir que eles tentem fazer o trabalho para que possam praticar e obter orientação sobre os aspectos mais difíceis. Primeiro, é preciso fornecer ajuda e assistência e, depois, deixá-los prosseguir.

- **Examinar**: avaliar o desempenho dos colaboradores e questioná-los sobre como, por que, quando e onde eles deveriam ter feito algo específico. Corrigir erros e repetir as instruções que foram dadas.

- **Reforçar e revisar**: elogiar, incentivar e dar um feedback sobre como o funcionário está se saindo é fundamental. Continuar a conversar com ele e demonstrar confiança no trabalho que está sendo realizado.

## Instrução em sala de aula

O treinamento em sala de aula é um dos métodos mais utilizados nos programas de treinamento. Uma das características desse método é que pode envolver muitos treinandos ao mesmo tempo. Ele é útil em situações de aprendizado que envolvem transmissão de informações por meio de palestras, demonstrações, filmes etc. Segundo Snell e Bohlander (2010), as instruções de sala de aula ainda são consideradas o principal sistema de treinamento, apesar de hoje existirem outros métodos.

## Instrução programada

A instrução programada, também chamada de aprendizado autodirigido, é um método que permite ao treinando definir o próprio ritmo para aprender. Sua característica básica é a forma com que apresenta o conteúdo, organizado de forma lógica e exigindo que o treinando responda a questões específicas. Se a resposta estiver correta, o treinando avança no aprendizado. Se não estiver correta, recebe informações complementares e deve responder novamente às perguntas. A instrução programada facilita a velocidade com que o aprendizado acontece.

## Métodos audiovisuais

De acordo com Carvalho (2014), podemos fazer a identificação de recursos audiovisuais (RAVs) como um processo de comunicação didática, em que são empregadas imagens fixas ou móveis, sonorizadas ou não, além de recursos impressos com o propósito de ilustrar o tema exposto pelo instrutor de treinamento.

A utilização de recursos audiovisuais pode ser um recurso eficiente para a fixação do que se aprende, conforme demonstra o Quadro 3.

Quadro 3 – Porcentagem de retenção mnemônica

### Como aprendemos

- 1% pelo paladar
- 1,5% pelo tato
- 3,5% pelo olfato
- 11% pela audição
- 83% pela visão

### Porcentagem dos dados retidos pelos estudantes

- 10% do que leem
- 20% do que escutam

### Porcentagem dos dados retidos pelos estudantes

- 30% do que veem
- 50% do que veem e escutam
- 70% do que dizem e discutem
- 90% do que dizem e logo realizam

| Método de ensino | Dados retidos depois de 3h | Dados retidos depois de 3 dias |
|---|---|---|
| Somente oral | 70% | 10% |
| Somente visual | 72% | 20% |
| Oral e visual simultaneamente | 85% | 65% |

Fonte: Ferreira e Jardim apud Carvalho (2014).

A eficácia da utilização dos recursos audiovisuais depende dos seguintes fatores: custo de instalação e operação, adequação ao conteúdo, versatilidade e habilidade do instrutor no uso desses recursos.

## E-Learning

De acordo com Snell e Bohlander (2010), **e-learning** (aprendizado eletrônico) abrange uma ampla variedade de aplicações, tais como TPC (treinamento por computador), internet, sala de aula virtual, intranets, satélites e transmissões interativas, TV, DVD, CR-ROM. Afirmam os autores que o *e-learning* torna possível oferecer teoria e prática, simulações, jogos e outros meios sofisticados de instrução tutorial personalizada, de um modo mais envolvente para os treinandos, se comparados com os métodos mais tradicionais.

> *PARA SABER MAIS! Faça uma pesquisa na internet. Você encontrará muitos aplicativos, alguns gratuitos, para desenvolvimento de treinamentos a distância.*

No *e-learning* o treinamento pode ser disseminado para todos os empregados de uma única vez, sem a necessidade de se formar "turmas" para serem treinadas. Com o *e-learning* o funcionário cria o seu próprio ambiente de aprendizagem: acessa o conteúdo do treinamento nos momentos que julgar mais apropriados e apreende no seu ritmo.

O treinamento em *e-learning* precisa ser projetado com muito cuidado, pois combina conteúdo, pedagogia e tecnologia. Assim, para que tenha sucesso um projeto de treinamento que utilizará o *e-learning* deve contar com três profissionais: um especialista em conteúdo; um especialista em aprendizagem; um especialista em tecnologia. Esse grupo multifuncional deverá combinar suas especialidades para produzir um treinamento que seja interativo e estimule o aprendizado por parte do treinando.

Os custos com o desenvolvimento de treinamento em *e-learning* são minimizados quando utilizados aplicativos já existentes – por exemplo, Adobe Acrobat e Flash. Na internet é possível encontrar *softwares* para produção de treinamentos *on-line* gratuitos.

De acordo com Snell e Bohlander (2010), quando combinado com outras tecnologias de comunicações – *e-mail*, teleconferência, videoconferência, *groupware* e outros –, o treinamento pela web pode ser ainda mais eficaz, pois pode apresentar as vantagens a seguir:

- O treinando segue o seu próprio ritmo.
- O treinamento chega ao empregado.
- Trabalhadores não necessitam esperar por uma sessão de treinamento programada.
- O treinamento pode endereçar necessidades específicas, conforme revelado por avaliações que acompanhem o curso.
- Os treinandos podem ser encaminhados para ajuda *online* ou receber referências de material escrito.
- É bem mais fácil fazer alterações em um *website* do que redigir, tirar cópias novamente e distribuir novos materiais de treinamento em salas de aula.

- É mais fácil manter registros.
- O treinamento pode ser efetivo em termos de custo, se usado para um número maior de trabalhadores.

Os pontos críticos de sucesso dos programas de treinamento em *e-learning* são o acesso à internet e a velocidade de conexão. Dependendo do tipo e do local de trabalho o acesso à internet é limitado e a velocidade de conexão é muito baixa, o que dificulta a realização do treinamento. Nesses casos, as organizações fornecem aos empregados sujeitos a tais condições CDs ou DVDs com o conteúdo do treinamento.

## Simulação

A **simulação** é um método de treinamento que utiliza um equipamento ou um ambiente similar ao que o funcionário tem no seu dia a dia de trabalho. O treinamento de um piloto de avião, por exemplo, utiliza um simulador no qual o treinando tem a oportunidade de praticar os conhecimentos adquiridos e/ou desenvolver habilidades necessárias ao exercício do cargo, mas em situações controladas. Se o piloto em treinamento cometer um erro, não colocará em risco a sua vida e a de terceiros. Outro exemplo de simulação: uma organização que presta serviços de atendimento ao cliente, pode utilizar uma estação de trabalho (computador, equipamento de escuta, divisória etc.), tal qual o atendente encontrará quando for desempenhar seu cargo, para simular situações de atendimento. Normalmente, nesses casos são escolhidos, para a situação de treinamento, situações críticas de atendimento, que podem explorar as principais habilidades que o atendente terá de ter nos atendimentos "reais". Tanto no exemplo do piloto quanto no do atendente, por se tratar de um treinamento, as falhas cometidas serão motivo de aprendizado sem que a organização tenha perda de materiais ou perdas de outra natureza.

## 19. Métodos de treinamento para desenvolvimento gerencial

Todos os métodos que estudamos até agora são aplicados a todos os cargos de uma organização, desde os de baixa até os de alta complexidade. Vamos agora conhecer alguns métodos utilizados mais especificamente para o desenvolvimento gerencial. Lembre-se de que no início apresentamos os conceitos e as particularidades que diferenciam o treinamento do desenvolvimento. A seguir serão detalhados os principais métodos aplicados para desenvolvimento gerencial.

### Experiências no local de trabalho

Segundo Snell e Bohlander (2010), é necessário apresentar aos gerentes oportunidades de trabalhar sob pressão e aprender com seus erros. As experiências de desenvolvimento no local de trabalho são algumas das técnicas mais poderosas e comumente usadas.

Os treinamentos aplicados aos gerentes no local de trabalho merecem uma atenção especial. Precisam ser muito bem planejados, organizados e acompanhados. Devem conter desafios que devam ser superados pelos participantes. Os métodos mais utilizados nesses casos são:

- **Coaching**: refere-se a um fluxo contínuo de informações, instruções, sugestões do gerente para o subordinado.
- **Substituições programadas**: um indivíduo se prepara para ocupar o lugar de um gerente à medida que ganha experiência pelo fato de substituir o gerente durantes alguns períodos programados.
- **Rotação de cargo**: um indivíduo exerce por períodos pré-determinados diversos cargos, ganhando uma visão mais ampla do funcionamento da organização.
- **Transferência lateral**: um gerente é deslocado lateralmente para continuar exercendo o cargo de gerente só que em uma área diferente.
- **Projetos especiais e diretorias de juniores**: são oportunidades que os indivíduos que se encontram em um programa de desenvolvimento têm para estudar problemas específicos da organização e atuar em atividades de planejamento e tomada de decisões.
- **Aprendizado prático**: permite que um gerente trabalhe em projetos juntamente com outros gerentes da organização. Em situações específicas, esse método pode combinar o recebimento de instruções, a realização de discussões e de conferências em sala de aula.
- **Reuniões de *staff***: nas reuniões de *staff* os gerentes se familiarizam com problemas e situações que envolvem outras áreas da organização, servindo de momento importante para o compartilhamento de ideias.

## 20. Outros métodos para desenvolvimento gerencial

Segundo Snell e Bohlander (2010), as experiências no local de trabalho constituem o cerne do treinamento e desenvolvimento gerencial, mas outros métodos de desenvolvimento fora do local de trabalho podem ser usados para suplementar essas experiências.

### Seminários e conferências

Seminários e conferências podem ser utilizados em um programa de desenvolvimento gerencial para comunicar ideias, políticas ou procedimentos da organização, além de criar um ambiente propício ao debate e às discussões de questões cujas respostas ainda são insuficientes. Participar de seminários e conferências pode ajudar os indivíduos em desenvolvimento a perceber quais atitudes precisam mudar. Segundo Snell e Bohlander (2010), ao participar de seminários, gerentes e supervisores aprendem a identificar mudanças pessoais e organizacionais necessárias e a tornar-se mais efetivos em seus relacionamentos interpessoais ou nos grupos de trabalho dos quais participam.

## Estudo de caso

O **estudo de caso** é um método muito utilizado em sala de aula, pois ajuda os treinandos a tomar decisões a partir de uma análise de um conjunto de variáveis que envolvem o caso, bem como fundamentar as decisões por meio da teoria que aprenderam. Segundo Snell e Bohlander (2010), o método do estudo de caso é mais apropriado quando:

- o desenvolvimento de habilidades analíticas, de solução de problemas e pensamento crítico são mais importantes;
- conhecimentos, habilidades e aptidões são complexos e os participantes precisam de tempo para dominá-los;
- o processo de aprendizado (questionamento, interpretação etc.) é tão importante quanto o conteúdo;
- a solução de problemas em equipe e a interação são possíveis.

Um bom planejamento e uma boa condução na implementação do estudo de caso são vitais para o seu sucesso como método de treinamento.

## Jogos gerenciais

Com o auxílio da computação e da tecnologia da informação, muitas organizações desenvolveram jogos para treinamento dos gerentes. A aplicação deste método requer uma elevada participação do gerente, que tem de tomar uma série de decisões que afetam uma organização hipotética. As decisões são tabuladas pelo computador e podem indicar se afetaram positiva ou negativamente a organização. Tanto numa situação como em outra, erros e acertos transformam-se em oportunidades de aprendizado, que podem ser compartilhadas com os demais participantes.

## *Role playing* ou desempenho de papel

A aplicação do método desempenho de papel pressupõe que um indivíduo assuma o papel de outro, que pode ser um gerente ou um subordinado. Ao assumir o papel de outro terá a oportunidade de entender e lidar com os outros, podendo inclusive ter de modificar suas atitudes e comportamento.

De acordo com Snell e Bohlander (2010), para que esse método seja adequadamente aplicado, os instrutores devem:

- assegurar que os membros do grupo se sintam à vontade uns com os outros;
- selecionar e preparar aqueles que desempenharão papéis introduzindo uma situação específica;
- ajudar os participantes a se prepararem, pedir a eles tarefas específicas (por exemplo, avaliação e *feedback*);
- orientar a representação de um papel por meio de dicas (uma vez que não segue um roteiro);
- manter a representação breve;
- discutir a atuação e elaborar uma lista do que foi aprendido.

O desempenho de papel é um método versátil e, se planejado e implementado corretamente, poderá facilitar a compreensão de situações e experiências que poderiam não ser compartilhadas.

## 21. Avaliação do programa de treinamento

Um programa de treinamento deve ser avaliado para que se verifique sua efetividade (eficiência e eficácia). Segundo Snell e Bohlander (2010), há diversos métodos para avaliar a extensão em que os programas de treinamento aprimoram o aprendizado, afetam o comportamento no trabalho e influenciam no resultado financeiro de uma organização. Devido aos aspectos que envolvem a avaliação do treinamento, são poucas as organizações que a fazem adequadamente. São quatro os níveis que podem ser usados para avaliar um programa de treinamento: reação, aprendizado, comportamento e resultados.

> *ATENÇÃO! Uma boa avaliação de reação não significará que o resultado final do treinamento será bom. A avaliação de reação é importante para medir o grau de satisfação do treinando, mas não garante que o treinamento será efetivo.*

## Nível 1 – Reação

Avaliar a reação dos treinandos tem por objetivo medir o grau de satisfação que tiveram com o treinamento recebido. Geralmente, é aplicado um questionário ao final do treinamento para que os treinandos indiquem seu grau de satisfação com o conteúdo do treinamento, a carga horária, o local, o instrutor, a infraestrutura (instalações, equipamentos, lanches e refeições etc.), o material utilizado no treinamento etc. Sua importância se deve à suposição de que treinandos satisfeitos terão mais probabilidade de aprender e de utilizarem as informações no trabalho. As informações coletadas na avaliação de reação podem ajudar a organização a aprimorar nos próximos treinamentos os pontos que foram mais criticados.

## Nível 2 – Aprendizado

A aquisição de conhecimento e o desenvolvimento de habilidades devem ser considerados fatores de avaliação de um programa de treinamento.

Para a avaliação do conhecimento podem ser utilizados testes objetivos e testes de respostas abertas, nos quais os treinandos terão que demonstrar quanto absorveram do conteúdo que foi trabalhado durante o treinamento. Uma prática que ajudará muito na avaliação do aprendizado consiste na aplicação de um teste no início do treinamento para medir e avaliar o que os treinandos já sabiam. Comparando essa avaliação com aquela feita após a conclusão do treinamento, poderemos mensurar quanto foi aprendido pelos treinandos.

A avaliação de habilidades é feita no mesmo momento em que se realiza a avaliação do conhecimento, uma vez que, segundo Carvalho (2014), os conhecimentos só se justificam na medida em que conduzem o treinando à aquisição de habilidades. A avaliação de habilidade pode ser obtida durante e após o treinamento, quando o treinando aplicar o que aprendeu em seu dia a dia de trabalho. Quando realizada durante o treinamento, podem-se utilizar testes práticos que aproximem a situação de treinamento com a situação de trabalho do treinando. Após o treinamento, poderão ser utilizadas observações por parte do treinando ou de seu supervisor, bem como mecanismos de avaliação do seu desempenho.

## Nível 3 – Comportamento

De acordo com Snell e Bohlander (2010), avaliações positivas de reação e de aprendizado não garantem que o treinamento alcançará bons resultados. A explicação desse fato é simples: por diversos motivos, os treinandos não conseguem aplicar na sua rotina de trabalho aquilo que aprenderam. Segundo esses dois autores, quando isso acontece não ocorreu a **transferência de treinamento**. Os gerentes e os treinandos podem trabalhar em conjunto para maximizar a transferência, adotando diversas abordagens:

- **Apresentar elementos concretos**: quanto mais próximas as condições do programa de treinamento forem daquelas encontradas no ambiente de trabalho, mais facilmente a transferência ocorrerá.
- **Focalizar grupos gerais**: quando as condições de treinamento não são semelhantes às do trabalho, os treinandos tendem a focalizar o seu comportamento em aspectos mais gerais, enfatizando os principais pontos que foram aprendidos no treinamento.
- **Estabelecer clima propício para transferência**: o gerente deve criar um ambiente que apoia, reforça e recompensa o treinando que aplicar as novas habilidades ou conhecimentos. O gerente que não tomar tais medidas pode inibir o treinando a aplicar o que aprendeu.
- **Oferecer aos treinandos estratégias de transferência**: em ambientes mais hostis à transferência, os gerentes devem fornecer aos treinandos estratégias e táticas para lidar com tal dificuldade. Segundo Snell e Bohlander (2010), ao identificar uma situação que prejudica a transferência e ao identificar estratégias para lidar com elas, a prevenção de uma recaída pode ajudar os colaboradores a ganhar mais controle, para manterem os comportamentos aprendidos.

Os métodos mais utilizados para avaliar o comportamento são observações dos colaboradores, entrevistas com os gerentes e análise das avaliações de desempenho pós-treinamento.

## Nível 4 – Resultados

A forma mais adequada de se medir e avaliar o **resultado de um programa de treinamento** é calculando o retorno sobre o investimento (**ROI**) ou, dito de outra maneira, verificando quais foram os benefícios proporcionados pelo treinamento relativos aos custos gerados. De acordo com Snell e Bohlander (2010), os gerentes de RH são responsáveis por calcular e apresentar esses benefícios aos executivos da organização, os quais podem incluir maiores rendimentos obtidos, aumento da produtividade, melhoria da qualidade, redução de custos etc.

Snell e Bohlander (2010) sugerem algumas perguntas que os gerentes de RH devem tentar responder enquanto calculam os benefícios de um programa de treinamento:

- Qual foi a melhoria de qualidade em virtude do programa de treinamento?
- Quanto o programa contribuiu para os lucros?
- Qual foi a diminuição da rotatividade de empregados e de desperdício de materiais que a organização conseguiu depois de treinamento?
- Quanto aumentou a produtividade e em quanto os custos foram reduzidos?

Os dados para responder a essas perguntas deverão ser coletados nas diversas áreas da organização. Devem ser calculados, também, os custos do programa de treinamento, tanto os diretos (materiais, instalações, refeições, equipamentos etc.) como os indiretos (salário dos treinandos, remuneração do instrutor, redução da produção enquanto os trabalhadores participam do treinamento etc.). Segundo Snell e Bohlander (2010), a fórmula para se calcular o ROI é muito simples:

> ROI = Benefícios/Custos do treinamento

Se o ROI for > 1, significa que os benefícios foram maiores que os custos; se o ROI for < 1, os custos foram maiores que os benefícios. Snell e Bohlander (2010) lembram que o ROI pode ser calculado em função do tempo que os resultados demoram a aparecer. Para que isso seja possível, deve-se acrescentar os custos e dividir os benefícios registrados em um único mês. O resultado indicará o tempo geral necessário para que o treinamento pague seus próprios custos. A Figura 4 apresenta alguns exemplos simples de cálculo do ROI.

Figura 4 – Exemplos de cálculos do ROI de treinamento

> Exemplo 1: Um programa para treinar novos operadores de máquinas custa R$ 15 mil para ser desenvolvido e implementado. Depois de concluir o programa de treinamento, o número médio de peças produzidas a cada ano aumentou em três mil, e o lucro de cada nova peça é de R$ 10, produzindo um resultado líquido de R$ 30 mil.
>
> ROI = 30.000 / 15.000 = 2
>
> Exemplo 2: Um programa de segurança custa R$ 25 mil para ser desenvolvido e implementado. Um ano depois, houve uma pequena diminuição do número de acidentes economizando para a organização um total de R$ 10 mil.

> ROI = 10.000 / 25.000 = 0,4
>
> No exemplo 1, o programa resultou em um ROI de 2, indicando que os benefícios superam os custos do programa. Contudo, no exemplo 2, o ROI foi de 0,4, demonstrando que os custos do programa superaram os benefícios.

Fonte: adaptado de Snell e Bohlander (2010).

Embora a fórmula para calcular o ROI seja bastante simples, a medição e a avaliação dos dados para se chegar, principalmente, aos benefícios do programa de treinamento são complexas. Se a organização conseguir transformar o levantamento de necessidades de treinamento em indicadores e se esses mesmos indicadores puderem ser medidos após a aplicação do treinamento, haverá uma boa base de informações que permitirá calcular o ROI. Outro ponto importante a destacar é o tempo em que esses indicadores serão medidos após o treinamento. Para que essa medição seja feita adequadamente, deve ser planejada pelo RH em conjunto com o gerente da área para a qual o treinamento foi desenvolvido e aplicado, o que, convenhamos, não é uma prática observada nas organizações.

# Glossário – Unidade 3

**Análise da pessoa** – identificação dos empregados específicos que precisam de treinamento.

**Desenvolvimento** – visa a preparar um colaborador para que ele possa progredir em determinada carreira na organização.

*E-learning* – treinamento realizado por mídia eletrônica.

**Estudo de caso** – método muito utilizado em sala de aula para ajudar os treinandos a tomar decisões a partir da análise de um conjunto de variáveis, bem como fundamentar as decisões de acordo com a teoria aprendida.

**Objetivos instrucionais** – resultados esperados de um programa de treinamento.

**Princípios de aprendizagem** – características dos programas de treinamento que ajudam os colaboradores a captar novos materiais, a entender como podem usá-lo em sua vida e a transferi-los para a execução de suas atividades no trabalho.

**Resultados do treinamento** – benefícios alcançados pela organização após a aplicação de um programa de treinamento.

**ROI (*return on investment* – retorno sobre o investimento)** – medida que indica quanto de retorno ou de prejuízo a organização teve após a aplicação de um programa de treinamento.

**Simulação** – método de treinamento que se utiliza de um equipamento ou um ambiente similar ao que o colaborador dispõe no seu dia a dia de trabalho.

**Transferência de treinamento** – aplicação efetiva dos conhecimentos, habilidades e atitudes aprendidos em treinamento e que são exigidos para o bom desempenho do cargo.

**Treinamento** – processo que tem como objetivo melhorar o desempenho de um empregado no cargo que ocupa.

**Treinamento no local de trabalho (*on the job training*)** – método pelo qual os trabalhadores adquirem experiência prática no próprio local de trabalho ao receber instruções do seu supervisor ou de um instrutor especialmente designado para esse fim.

# UNIDADE 4
# ORIENTAÇÃO TÉCNICA E INSTRUCIONAL

**Capítulo 1** Recursos Humanos – uma abordagem sistêmica, 86

**Capítulo 2** Objetivos do sistema de recursos humanos, 89

**Capítulo 3** Metas do sistema de recursos humanos e os objetivos da organização, 90

**Capítulo 4** Atividade econômica, 90

**Capítulo 5** Mercado de trabalho, 91

**Capítulo 6** Tecnologia, 91

**Capítulo 7** Legislação, 91

**Capítulo 8** Os desafios da gestão de recursos humanos, 92

**Capítulo 9** A atuação estratégica do RH, 96

**Capítulo 10** Planejamento empresarial e planejamento de recursos humanos, 96

**Capítulo 11** Processos de recursos humanos, 101

**Capítulo 12** O RH como guardião da cultura da organização, 104

Glossário, 106

Referências, 107

# 1. Recursos Humanos – uma abordagem sistêmica

Segundo Carvalho (2014), podemos definir **sistema** como um conjunto de componentes interligados capazes de transformar uma série de entradas (*inputs*) em uma série de saídas (*outputs*) para uma consecução de objetivos planejados (resultados).

A Figura 1 apresenta um esquema básico de um sistema.

Figura 1 – Esquema básico de um sistema

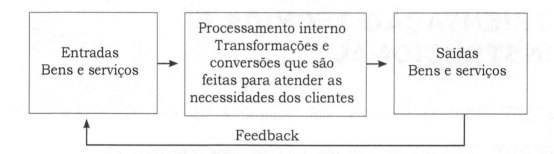

Fonte: adaptado de Carvalho (2014).

A organização pode ser considerada um sistema a partir desse conceito. Segundo Carvalho (2014), o objetivo de um sistema empresarial é transformar recursos materiais, financeiros e tecnológicos, com a utilização de recursos humanos, em produção de bens e serviços. Recursos materiais, financeiros, tecnológicos e humanos correspondem às entradas (*inputs*) do sistema; bens e serviços correspondem às saídas (*outputs*).

Para transformar as entradas em saídas, as organizações utilizam vários sistemas ou subsistemas, como suprimentos, financeiro, produção, marketing, vendas e recursos humanos.

A administração de recursos humanos é um sistema constituído de várias especialidades devido às características de sua principal entrada (*input*): o ser humano. Em uma organização, podemos encontrar como especialidades de recursos humanos: planejamento, recrutamento e seleção, remuneração, treinamento e desenvolvimento, avaliação de desempenho, saúde e segurança etc. Cada uma dessas especialidades é composta por um conjunto de processos, que visam a atender aos interesses das pessoas em uma organização e da própria organização. Embora essas especialidades tenham as suas particularidades e, em certos casos, disponham de alguma autonomia para resolver, isoladamente, seus problemas, devemos entender que a atuação do RH em uma organização tem aumentada sua eficiência e eficácia se houver uma abordagem sistêmica.

De acordo com Carvalho (2014), a abordagem sistêmica da função de recursos humanos é justificada por causa da variedade de problemas e desafios com que a gestão de pessoas se defronta a cada momento – entrevistas de admissão ou desligamento de empregados, treinamento, mediação de conflitos, reivindicações etc., além de problemas de ordem social, política e econômica. Assim, o sistema de RH da organização deve se adaptar à nova situação.

A Figura 2 apresenta um modelo de sistema básico de recursos humanos.

Figura 2 – Modelo de sistema básico de RH

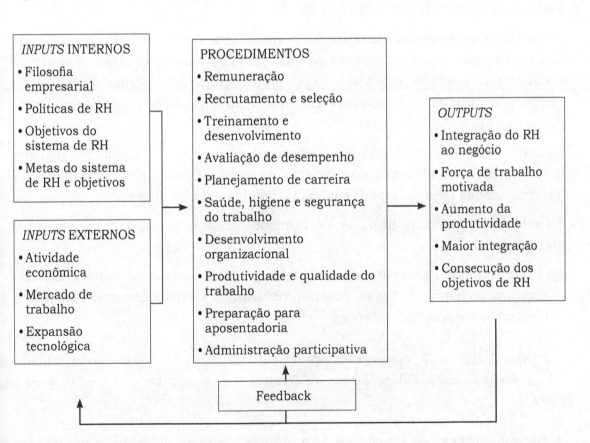

Fonte: adaptado de Carvalho (2014).

A seguir detalharemos as principais entradas internas e externas.

## Entradas (*inputs*) internas

São consideras entradas internas: **filosofia empresarial**, políticas de RH, objetivos do sistema de RH, metas do sistema de RH e objetivos da organização.

## Filosofia empresarial

Segundo Carvalho (2014), a filosofia empresarial é o princípio normativo do sistema de RH, dando-lhe o fundamento básico para sua dinâmica. Por meio da definição da filosofia empresarial, são estabelecidas as diretrizes para a produção de bens e serviços, para o relacionamento com os *stakeholders* da organização (partes interessadas), para os padrões de qualidade etc.

Carvalho (2014) afirma que a área de recursos humanos precisa saber, com clareza e objetividade, quais são os principais parâmetros que a organização julga indispensáveis para que possa definir seus objetivos e as políticas de gestão de pessoas da organização.

## Políticas de recursos humanos

As **políticas de recursos humanos** estão vinculadas aos objetivos organizacionais e são responsáveis por estabelecer as intenções com que determinados assuntos serão tratados pela organização. Pagar uma remuneração acima da média do mercado ou proibir que parentes trabalhem na organização são exemplos de políticas de recursos humanos.

As políticas de recursos humanos são flexíveis e dependem de alguns fatores, que devem ser considerados quando de sua definição: situação do mercado, influências governamentais e estabilidade econômica, política e social do país.

Ao estabelecer políticas de recursos humanos, a organização tem os seguintes objetivos:

a) Criar e implantar programas voltados à manutenção do funcionário na organização por maior tempo possível, reduzindo os custos administrativos com demissões e novas contratações.

> *PARA SABER MAIS! Pesquise na Internet políticas de recursos humanos adotadas pelas organizações. Acesse o site da Natura e veja detalhadamente suas políticas de RH.*

b) Ser mais eficaz nos processos de gestão de pessoas, de forma a possibilitar que a organização tenha colaboradores na quantidade e qualidade necessárias às suas operações e uma força de trabalho motivada e comprometida com os objetivos da empresa.

c) Adequar os sistemas de remuneração às condições do mercado de trabalho.

É importante ressaltar que as políticas de gestão de pessoas são ferramentas imprescindíveis para que os gestores possam construir relações saudáveis com seus empregados e estes, por sua vez, saber claramente o que podem esperar da organização.

## 2. Objetivos do sistema de recursos humanos

Segundo Carvalho (2014), os objetivos do sistema de recursos humanos podem ser classificados como objetivos societários, organizacionais, funcionais e individuais.

- **Objetivos societários**: o sistema de recursos humanos contribui para minimizar os impactos negativos à medida que evita que a organização tenha problemas ou dificuldade para atender as normas e regras sociais. Problemas de relacionamento com a sociedade podem acarretar o pagamento de multas ou outras sanções, comprometimento da imagem da organização, boicote aos seus produtos e serviços etc.

- **Objetivos organizacionais**: um primeiro objetivo organizacional da área de recursos humanos é agir como um elemento catalizador e de integração entre as demais áreas da organização para que os objetivos organizacionais sejam alcançados. Um segundo objetivo organizacional consiste em prestar serviços especializados, referentes à gestão de pessoas, para as demais áreas da organização.

- **Objetivos funcionais**: é de responsabilidade do sistema de recursos humanos desenvolver e implementar procedimentos para atender as necessidades dos empregados da organização.

- **Objetivos individuais**: o sistema de recursos humanos deve fornecer aos empregados a assistência necessária para que eles possam alcançar seus objetivos individuais.

## 3. Metas do sistema de recursos humanos e os objetivos da organização

As metas do sistema de recursos humanos são derivadas dos objetivos e metas da organização, isto é, a organização define primeiro quais são os seus objetivos estratégicos e suas metas para que, a partir desses objetivos e metas, a área de recursos humanos possa definir quais serão seus objetivos e suas metas.

De forma geral, os objetivos de uma organização poderiam ser:

- conquistar e consolidar sua posição no mercado em que atua;
- oferecer aos seus clientes atuais e potencias produtos e serviços inovadores;
- perseguir o aumento de produtividade e uma melhor rentabilidade para os recursos que utiliza;
- manter os colaboradores qualificados e motivados.

Carvalho (2014) afirma que somente uma nova postura da área de recursos humanos, voltada para os negócios da organização, poderá viabilizar os seus objetivos de modo eficiente e dinâmico.

### Entradas (*inputs*) externas

São consideradas entradas externas: atividade econômica, mercado de trabalho, tecnologia e legislação.

## 4. Atividade econômica

A atividade econômica influencia diretamente os objetivos de uma organização, com reflexo na força de trabalho. Não é à toa que os governantes buscam obsessivamente o crescimento da economia. Uma economia em expansão faz com que a organização produza mais, melhore seus resultados e invista nos colaboradores. O contrário traz uma série de consequências desagradáveis, como redução da produção, do faturamento, corte de investimentos, corte de empregados, redução de programas que possam melhorar o bem-estar das pessoas. A dinâmica da atividade econômica influência diretamente o sistema de recursos humanos, que para atingir seus principais objetivos tem que se ajustar às novas condições.

## 5. Mercado de trabalho

O mercado de trabalho tem uma importância capital para o sucesso do sistema de recursos humanos. As suas oscilações decorrem da expansão ou retração da economia e influenciam o sistema de recursos humanos fortemente. Um mercado de trabalho aquecido – isso ocorre quando a economia está em expansão – faz com que a organização se preocupe em reter seus talentos e tenha mais dificuldade em preencher suas vagas. Por outro lado, um mercado de trabalho desaquecido – economia em recessão –, facilita a contratação de novos trabalhadores por parte da organização e faz com que os empregados fiquem mais cautelosos e procurem atender mais e melhor os objetivos que lhes foram estabelecidos. O mercado de trabalho aquecido ou desaquecido leva, necessariamente, a um ajuste do sistema de recursos humanos.

## 6. Tecnologia

A evolução da tecnologia afeta todos os processos organizacionais, uma vez que interfere nos sistemas, nos processos e nas operações da organização. Geralmente, a tecnologia causa um impacto quantitativo e qualitativo na força de trabalho de uma organização.

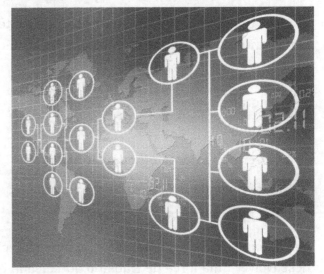

Com o uso da tecnologia, a organização pode reduzir a quantidade de empregados, porém aumenta as exigências de qualificação para aqueles que estiverem ou pretenderem ocupar um dos postos de trabalho. De acordo com Carvalho (2014), o sistema de recursos humanos sofre influência direta do desenvolvimento tecnológico em termos de revisão e implantação de novas políticas de qualificação profissional, treinamento e desenvolvimento, bem como de reestruturações de certos postos de trabalho e de remuneração.

## 7. Legislação

A legislação trabalhista tem a finalidade de regulamentar e regular as relações entre capital e trabalho ou entre a organização e seus empregados. Por conta disso, influencia o sistema de gestão de recursos humanos, uma vez que estabelece uma série de regras e parâmetros que devem ser seguidos, tais como salário mínimo, jornada de trabalho, férias, adicionais e gratificações, proteção da saúde do funcionário etc.

## 8. Os desafios da gestão de recursos humanos

De acordo com Snell e Bohlander (2010), as habilidades, o conhecimento e as capacidades do funcionário são os recursos mais distintivos e renováveis nos quais uma organização pode se basear, por isso, seu gerenciamento estratégico é mais importante do que nunca. Em um mercado globalizado, onde a concorrência é acirrada e as condições de competição mudam frequentemente, impactando os objetivos das organizações e – por que não dizer – também das pessoas, o papel de recursos humanos ganha mais importância de um lado e fica mais desafiador de outro, uma vez que tem que equilibrar demandas às vezes conflitantes, para proporcionar um ambiente de trabalho que atenda às necessidades, tanto da organização como dos funcionários, a curto, médio e longo prazos, no qual o funcionário terá condições adequadas para utilizar todas as suas qualidades.

Snell e Bohlander (2010) identificaram as tendências mais importantes que se constituirão em desafios para as organizações e para a área de recursos humanos:

- tornar-se global;
- adotar nova tecnologia;
- gerenciar mudanças;
- gerenciar talento ou **capital humano**;
- ter capacidade de resposta ao mercado;
- realizar contenção de custos.

Os autores afirmam que essas tendências-chave indicam a necessidade de se desenvolver uma força de trabalho qualificada e flexível para competir no século XXI.

A seguir exploraremos cada uma dessas tendências-chave.

### Tornar-se global

A sobrevivência de muitas organizações no mercado pode depender de sua capacidade de competir em um mundo globalizado. Segundo Snell e Bohlander (2010), apesar de todas as oportunidades propiciadas pelos negócios internacionais, quando os executivos falam em "tornar-se global" eles têm de ponderar um conjunto complexo de questões relacionadas à localização geográfica e às culturas, leis e práticas empresariais diferentes. A forma com que a organização tratará cada uma dessas questões influenciará as políticas e os processos de gestão de recursos humanos. Como recrutar e selecionar pessoas em diferentes países, como treiná-los, que padrões de remuneração devem ser estabelecidos para que a remuneração seja justa, independentemente do país onde o funcionário trabalhe etc. são questões para as quais a área de recursos humanos deve ter respostas.

## Tecnologia e os processos de RH

No tópico "tecnologia" vimos como o uso da tecnologia pela organização pode impactar os processos e as políticas de recursos humanos. Agora, veremos como os processos de RH podem ser melhorados com a utilização de tecnologia. Muitas organizações, principalmente as de grande porte que empregam milhares de pessoas, passaram a utilizar o sistema de informação de recursos humanos, que é um *software* que fornece informações sobre os funcionários, facilitando o controle e a tomada de decisões em assuntos que envolvem as pessoas. O uso da tecnologia também pode facilitar o acesso de informações ou serviços disponibilizados pela área de recursos humanos aos trabalhadores. Por exemplo, se um funcionário quer saber quais foram os treinamentos que realizou em determinado período, pode consultar um sistema e imprimir seu histórico de treinamento, sem precisar solicitar essa informação à área de recursos humanos.

De acordo com Snell e Bohlander (2010), a motivação inicial para a implantação de um sistema de informações de recursos humanos estava relacionada à redução de custos de RH. No entanto, os executivos de RH descobriram que esses sistemas facilitam o compartilhamento de informações com os gerentes de linha, que, por terem acesso a tais sistemas, podem utilizar essas informações para melhorar os resultados de suas respectivas áreas.

## Gerenciamento da mudança

Snell e Bohlander (2010) afirmam que em ambientes altamente competitivos, em que a competição é global e a inovação é contínua, mudar tem se tornado uma competência vital das organizações.

Podemos classificar as mudanças em dois tipos: a **mudança reativa** e a **mudança proativa**. A mudança reativa ocorre após forças externas já haverem afetado o desempenho da organização. A mudança proativa é iniciada por agentes internos da organização com o objetivo de aproveitar novas oportunidades de negócio. Independentemente do tipo de organização, ao passar por um processo de mudança a empresa se vê obrigada a analisar quanto essas mudanças afetam o seu sistema de recursos humanos. De acordo com Snell e Bohlander (2010), as principais razões pelos quais os esforços de mudança podem falhar relacionam-se a questões de recursos humanos, tais como:

- não estabelecer a noção de urgência;
- não criar coalizão poderosa para orientar o esforço;
- ausência de líderes com visão;
- não remover obstáculos para a nova visão;
- não planejar sistematicamente nem conseguir vitórias em curto prazo;

- "cantar" vitória antes do tempo;
- não ancorar mudanças na cultura corporativa.

A **gestão da mudança** envolve todos os gestores e, para que tenha sucesso, esses gestores devem imaginar o futuro da organização, compartilhar essa visão com os colaboradores, estabelecer expectativas claras quanto ao desempenho e desenvolver a capacidade para alcançá-los, reorganizando as pessoas e os demais recursos produtivos. De acordo com Snell e Bohlander (2010), as organizações que têm obtido sucesso nos processos de mudança, incluem em seu planejamento e gerenciamento os seguintes elementos-chave:

- vincular a mudança à **estratégia** corporativa;
- criar benefícios quantificáveis;
- desde o início, engajar os seus colaboradores mais importantes, seus clientes e fornecedores;
- integrar as mudanças de comportamento que forem necessárias;
- liderar de forma clara, inequívoca e consistente;
- investir para implantar e sustentar o processo de mudança;
- manter a comunicação de modo contínuo e pessoal;
- assumir o compromisso com a mudança.

## Gerenciando talentos ou capital humano

De acordo com Snell e Bohlander (2010), a ideia de que as organizações competem por meio das pessoas dá ênfase ao fato de que o sucesso depende cada vez mais da capacidade empresarial de gerenciar o talento, ou o capital humano. O capital humano corresponde ao valor econômico do conhecimento, das habilidades e das capacidades da organização. O capital humano é intangível e seu gerenciamento requer outros mecanismos, diferentes daqueles utilizados para gerenciar recursos tangíveis. A principal razão para isso é que o capital humano é representado pelos empregados e não pela organização. O gerenciamento do capital humano acarreta alterações no sistema de gestão de recursos humanos, como:

- O recrutamento e a seleção devem procurar identificar os melhores e mais brilhantes talentos.
- O treinamento deve criar oportunidades para aprimorar as qualificações dos colaboradores.
- A delegação de responsabilidade e a flexibilidade para a realização do trabalho devem ser incorporadas no desenho de cargos.
- As formas de recompensa também terão que ser revistas.

Snell e Bohlander (2010) afirmam que os gerentes de RH, em conjunto com os gerentes de linha, têm um papel fundamental para a criação de uma organização que entende o valor do conhecimento e documenta as habilidades e as capacidades de que dispõe, identificando maneiras de utilizar esse conhecimento em seu benefício.

## Reagir ao mercado

O sucesso de uma organização depende da maneira com que atende as expectativas dos seus clientes. Segundo Snell e Bohlander (2010), além de focalizar as questões de gerenciamento interno, os executivos devem satisfazer os requisitos de qualidade, inovação, variedade e rapidez no atendimento ao cliente. Adaptar-se a esses novos padrões induzem as organizações a alinhar constantemente seus processos às necessidades dos clientes, como o que ocorreu quando inovações gerenciais, como a Qualidade Total e a Reengenharia, foram adotadas pelas organizações para melhor atender seus clientes. A implantação dessas inovações influenciou o sistema de recursos humanos das organizações. Os processos de desenho de cargos, de treinamento, gestão do desempenho e recompensas sofreram grandes transformações nas organizações que implantaram uma dessas inovações de gestão.

## Conter custos

As organizações buscam constantemente reduzir os custos e melhorar a produtividade. A mão de obra corresponde a um importante percentual dos custos de uma organização. Esse percentual aumenta quando se trata de uma organização prestadora de serviços ou que se utiliza de conhecimento intensivo. As organizações, preocupadas com a redução de custos, estão revendo os benefícios oferecidos aos empregados e os critérios de custeio, reduzindo níveis hierárquicos e terceirizando processos e serviços que não são estratégicos. Tais medidas afetam as práticas e políticas de recursos humanos. Por exemplo, a redução de níveis hierárquicos faz com que as atribuições e responsabilidades de um cargo cujo nível hierárquico correspondente será eliminado sejam distribuídas entre os cargos remanescentes. Os cargos que receberão as atribuições e responsabilidades do cargo eliminado terão que ser redesenhados e os valores de remuneração, ajustados à nova realidade. Os colaboradores cujos cargos foram extintos, como serão tratados pela organização? Receberá algum suporte para transferência interna ou para recolocação no mercado? Os empregados que passarão a desempenhar as atribuições do cargo eliminado têm o conhecimento e as habilidades necessárias?

Essas são algumas das questões que a área de recursos humanos deve dar o devido encaminhamento para contribuir com a organização no alcance do objetivo de reduzir custos e melhorar sua eficiência.

## 9. A atuação estratégica do RH

A gestão de recursos humanos nas organizações vem sofrendo uma série de transformações ao longo dos últimos vinte anos. A mais relevante transformação ocorrida foi a mudança de seu posicionamento na estrutura da organização, passando de uma área tipicamente operacional para uma área de importância estratégica.

Hoje, a área de recursos humanos participa e influencia as decisões estratégicas de uma organização.

De acordo com Mascarenhas (2008), a estratégia pode ser conceituada como as políticas e os procedimentos associados, em primeiro lugar, em garantir a viabilidade da organização e, em segundo, a vantagem competitiva sustentável. Ainda segundo Mascarenhas (2008), a formulação das estratégias vem sendo abordada tradicionalmente como um processo de planejamento envolvendo, em geral, duas etapas: a definição do negócio, bem como a explicação da missão da organização e seus princípios; a determinação de objetivos estratégicos e seus respectivos indicadores de acompanhamento, assim como a formulação das estratégias correspondentes para alcançá-los.

## 10. Planejamento empresarial e planejamento de recursos humanos

O planejamento de recursos humanos deve ser precedido do planejamento estratégico da organização, pois será no planejamento estratégico da organização que serão definidas as estratégias e as diretrizes que deverão ser seguidas por todas as áreas da organização, inclusive a área de recursos humanos. O processo de planejamento estratégico, de forma geral, obedece a uma sequência de etapas bem delimitadas: definição da visão e da missão do negócio; análise do ambiente interno e análise do ambiente externo; análise dos pontos fortes e pontos fracos; das ameaças e oportunidades; definição dos objetivos estratégicos; desenvolvimento das estratégias; implementação e acompanhamento.

É recomendável que, além dos diretores, os gerentes responsáveis pelas diversas áreas participem da formulação do planejamento estratégico da organização, pois em um primeiro momento fornecerão informações para as análises citadas e em um segundo momento, após a conclusão do planejamento, terão que desdobrar e implementar estratégias em suas respectivas áreas.

Mascarenhas (2008) define **planejamento estratégico de recursos humanos** como os processos por meio dos quais são antecipadas demandas ambientais e dos negócios, bem como direcionadas essas demandas em suas dimensões de gestão. O processo de formulação das estratégias de recursos humanos está subdividido em quatro fases, conforme demonstrado na Figura 3.

Figura 3 – Modelo de planejamento estratégico de RH

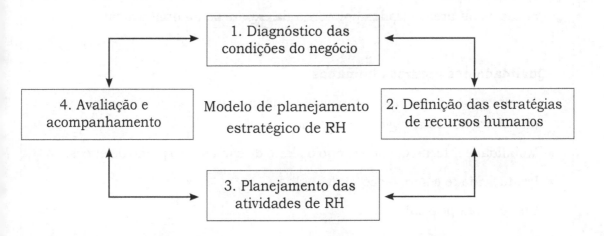

Fonte: adaptado de Mascarenhas (2008).

O gerente de recursos humanos será o responsável por desdobrar as estratégias organizacionais em estratégias específicas, considerando as necessidades de recursos humanos requeridas pelo negócio do ponto de vista quantitativo e também quanto a qualidade dos recursos humanos existentes é suficiente para que as metas sejam atendidas. O desdobramento das estratégias organizacionais deve levar em conta também o ambiente e o mercado de trabalho. O Quadro 1 apresenta uma relação de aspectos que devem ser considerados para o planejamento estratégico de recursos humanos.

Quadro 1 – Aspectos considerados no planejamento estratégico de RH

**Necessidades de recursos humanos**

- Redução ou expansão do quadro de pessoal
- Nível de capacitação e de especialização da mão de obra
- Novos perfis de cargos em função de mudanças organizacionais ou de utilização de novas tecnologias
- Necessidade de desenvolvimento de novos líderes para atuar em novos negócios ou áreas criadas por conta da expansão da organização

**Qualidade dos recursos humanos**

- Capacidades instaladas comparadas com as capacidades requeridas pelo planejamento estratégico do negócio
- Mobilidade interna considerando o plano de carreira e o plano de sucessão
- Produtividade e satisfação no trabalho
- Custos com pessoal

**Mercado de trabalho**

- Influências da economia (expansão ou recessão), dos movimentos sociais, dos aspectos políticos etc.
- Impactos e restrições da legislação trabalhista
- Atuação do movimento sindical
- Oferta de recursos humanos (quantidade de indivíduos procurando um emprego)
- Qualidade da mão de obra formada pelos sistemas educacionais públicos ou privados

Fonte: Autor.

O resultado dessas considerações indicará quais serão as estratégias da área de recursos humanos para que a organização possa dispor de pessoal na quantidade e na qualidade que lhe permitirá viabilizar seus objetivos estratégicos.

As estratégias de recursos humanos poderão ser formuladas escolhendo-se um dos três enfoques apresentados a seguir:

- **Enfoque conservador**: as estratégias de recursos humanos formuladas com base no enfoque conservador estão voltadas para manter o *status quo*, ou seja, estão voltadas para a estabilidade da organização.

- **Enfoque analítico**: as estratégias de recursos humanos formuladas com base no enfoque analítico estão voltadas para inovação e a melhoria dos processos e práticas vigentes, procurando adaptar a organização às novas exigências do mercado.

- **Enfoque projetivo**: as estratégias de recursos humanos formuladas tendo como referência o enfoque projetivo visam a preparar a organização para enfrentar futuros problemas e as novas exigências impostas pelo ambiente externo.

## Modelos de planejamento estratégico de recursos humanos

Os modelos de planejamento estratégico de gestão de pessoas devem sempre considerar duas análises: uma quantitativa e uma qualitativa.

Na **análise quantitativa** serão considerados o quadro de pessoal atual e as necessidades futuras da organização, decorrentes de processos de expansão, mudança de tecnologia, investimentos em qualificação de pessoal etc. Existem cinco modelos para a análise quantitativa dos recursos humanos da organização:

- **Modelo baseado na procura estimada de produto ou serviço**: trata-se do modelo mais simples e leva em consideração a necessidade de recursos humanos a partir de dados quantitativos relacionados à produção ou operação de serviços. Estabelece uma relação linear entre os volumes de produção de bens e serviços e quantidade de pessoas. Se aumentar o volume de produção, aumenta o número de trabalhadores. Sua aplicação é mais adequada a cargos operacionais, nos quais as atividades são repetitivas e as variáveis dos processos de produção são mais fáceis de controlar.

- **Modelo baseado no segmento de cargos**: este método também é mais eficiente quando aplicado a cargos operacionais. É muito parecido com o método baseado na procura estimada de produto ou serviço. A diferença entre os dois métodos é que nesse método é escolhido um fator estratégico a partir do qual serão projetadas as necessidades de pessoal. Para o fator estratégico escolhido, como o volume de vendas, são levantados dado históricos desse fator, para que a projeção de necessidades de pessoal seja mais precisa.

- **Modelo de substituição de postos-chave**: a aplicação desse método requer informações detalhadas sobre os trabalhadores e que posição ocupam no organograma da organização. O organograma é projetado considerando um fator estratégico, como a abertura de novas unidades. Dessa forma, são identificadas as necessidades de recursos humanos. Um subproduto da aplicação desse método é um plano de treinamento e desenvolvimento, quando identificadas lacunas entre os requisitos dos cargos e os perfis dos empregados.

- **Modelo baseado no fluxo de pessoal**: a aplicação desse método analisa o fluxo de entradas e saídas de trabalhadores e a mobilidade interna (transferências e promoções). Com essas informações projetam-se as necessidades de pessoal.

- **Modelo integrado**: pode-se dizer que o modelo integrado é uma combinação da aplicação dos quatro modelos anteriores, pois leva em consideração na sua aplicação o volume de produção de bens e de serviços, as inovações tecnológicas, a mobilidade interna e o plano de carreira.

A aplicação dos modelos de previsão quantitativa será fundamental para o desenvolvimento de um planejamento das ações de recrutamento e seleção para que a organização possa contar com a quantidade de colaboradores adequada para cumprir seus objetivos estratégicos.

A **análise qualitativa** refere-se à qualidade dos empregados da organização, entendendo-se qualidade como os níveis de capacitação, os resultados da avaliação de desempenho e do potencial instalado e o domínio de competências. Essas informações são cruzadas com as necessidades de recursos humanos para que a organização possa alcançar seus objetivos de curto, médio e longo prazos.

Diferente da análise quantitativa, para a análise qualitativa não existem modelos preestabelecidos. O que se recomenda é o levantamento das seguintes informações: os padrões de desempenho medidos pela avaliação de desempenho, a identificação de colaboradores com potencial para assumir novos cargos, os resultados dos programas de treinamento, principalmente no que se refere à melhoria da capacitação da força de trabalho, o histórico de treinamento dos trabalhadores e as possíveis progressões nas carreiras estabelecidas pela organização.

Definidas as estratégias de atuação de recursos humanos e concluídas as análises quantitativas e qualitativas, a área de recursos humanos deverá avaliar o que necessitará ajustar em seus processos internos para que tais processos contribuam para o alcance dos resultados desejados por todos na organização. A Figura 4 apresenta uma síntese do planejamento empresarial e sua relação com o planejamento de recursos humanos.

Figura 4 – Planejamento empresarial e planejamento de RH

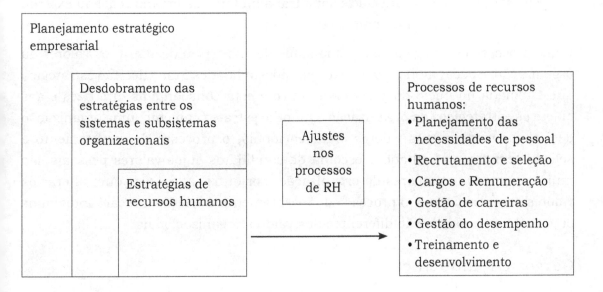

Fonte: Autor.

## 11. Processos de recursos humanos

Os processos de recursos humanos que serão responsáveis pela concretização da estratégia da área de RH que estudaremos têm duas vertentes: uma operacional e outra estratégica. A seguir vamos apresentar essas vertentes a cada um deles.

Como foi estudado nesta unidade, a conclusão do processo de planejamento de recursos humanos é o início do processo de recrutamento e seleção. O processo de recrutamento e seleção pode ser analisado sob dois aspectos: o primeiro como um processo operacional e o segundo como um processo estratégico.

Como processo operacional é composto por uma série de etapas cujo objetivo principal é recrutar e selecionar trabalhadores que estejam o mais próximo possível dos perfis definidos. A complexidade, o tempo e as técnicas de recrutamento e seleção utilizadas variam de acordo com a situação do mercado de trabalho (se está em procura ou em oferta)

e de acordo com o perfil ou cargo para o qual está se procurando um funcionário. Ele pode ser interno (recruta e seleciona trabalhadores da organização) ou externo (recruta e seleciona profissionais do mercado).

Como processo estratégico, tem a finalidade de manter ou de alterar os valores da organização. Buscar atender a uma dessas possibilidades é uma decisão estratégica que é tomada no início do processo seletivo e está consoante às diretrizes e aos objetivos estratégicos da organização. Quando, estrategicamente, uma organização decide por manter seus valores organizacionais, o processo de recrutamento e seleção tem como resultado a escolha de candidatos cujos valores pessoais são muito próximos dos valores da organização. Por outro lado, se se quer alterar os valores organizacionais, o processo de recrutamento e seleção buscará indivíduos cujos valores pessoais são diferentes dos valores organizacionais.

## Cargos e remuneração

O processo de cargos e remuneração cuida da formatação da estrutura de cargos da organização e de como esses cargos são remunerados. Do ponto de vista operacional, esse processo envolve as seguintes etapas: elaboração das descrições de cargo, avaliação e classificação de cargos, pesquisa salarial para identificar os níveis de remuneração praticados por organizações similares, definição das classes e faixas salariais e definição dos critérios de promoções, reajustes individuais e coletivos, transferências etc. Além do salário-base para cada cargo, esse processo considera também o pagamento ou fornecimento de benefícios, bônus, gratificações e participação em lucros e resultados etc.

A remuneração tem um caráter estratégico à medida que procura motivar os empregados a se esforçarem para alcançar os seus objetivos, e como consequência, contribuir para que a organização alcance, também, seus objetivos. A remuneração estratégica permite que a organização compartilhe parcela dos ganhos que obteve, que foi fruto do esforço individual e coletivo dos seus colaboradores, estabelecendo assim uma relação de parceria.

## Gestão de carreiras

Carreira pode ser definida como uma sequência de cargos, que envolve um crescente desenvolvimento e domínio de competências (conhecimentos, habilidades e atitudes). As carreiras são estruturadas a partir dos cargos identificados existentes na organização.

A vertente operacional de um plano de carreira, do ponto de vista da organização, consiste na identificação, a partir das necessidades de recursos humanos identificadas pelo processo de planejamento de pessoal, das posições que deverão ser preenchidas e dos potenciais ocupantes que poderão ocupar uma dessas posições.

Em determinadas situações, haverá a necessidade de planejar a capacitação ou o desenvolvimento de empregados para que possam movimentar-se nas trilhas de carreiras definidas.

A vertente estratégica da gestão de carreiras tem como objetivo principal o desenvolvimento da organização por meio do desenvolvimento das pessoas. Uma adequada gestão de carreiras possibilita:

- Planejar o desenvolvimento de carreira do funcionário para que ele possa estar pronto para ocupar postos-chave de acordo com os objetivos estratégicos da organização.
- Identificar necessidades ou oportunidades de capacitação e desenvolvimento dos trabalhadores.
- Criar condições para aumentar a satisfação no trabalho e o desempenho dos empregados, à medida que eles identificam possibilidades concretas de crescimento profissional e pessoal na organização.
- Suprir as necessidades futuras de recursos humanos preparados para assumir novos postos criados em função de programas de expansão da organização.

## Gestão do desempenho

A gestão do desempenho é um dos mais importantes processos de recursos humanos. Além de permitir a avaliação do desempenho dos funcionários e da própria organização como um todo, se entendermos que o desempenho organizacional é o somatório dos desempenhos individuais, isso permite também avaliar a eficácia das estratégias e da eficiência dos processos de RH.

A gestão do desempenho, sob a vertente operacional, se apresenta em dois momentos distintos: o primeiro é a avaliação do desempenho, o segundo é o tratamento do resultado das avaliações. A avaliação de desempenho consiste na medição do desempenho utilizando-se instrumentos padronizados desenvolvidos pela área de RH.

*ATENÇÃO! Para melhorar o desempenho de uma organização só existe uma maneira: melhorar o desempenho dos seus funcionários, qualificando-os, dando-lhes oportunidades de crescimento, reconhecendo seus esforços, entre outras medidas.*

Dependendo da filosofia da organização, a avaliação é feita exclusivamente pelo chefe imediato do funcionário ou pode ser o resultado da interação do funcionário com o seu chefe imediato. Sistemas mais complexos de avaliação envolvem outros agentes, além do funcionário e de seu chefe imediato, como chefe mediato, colegas de trabalho, clientes e fornecedores internos ou externos etc. No segundo momento as informações geradas pela avaliação de desempenho são utilizadas para ações de recursos humanos, como promoções, aumentos salariais, necessidades de treinamento, oportunidades de melhoria recomendadas para o funcionário etc.

A vertente estratégica da gestão do desempenho tem como foco monitorar o alcance dos objetivos da organização por meio da identificação e sugestão de melhoria de pontos que possam impedir que os funcionários alcancem seus objetivos individuais.

### Treinamento e desenvolvimento

O processo de treinamento e desenvolvimento, em sua vertente operacional, tem como objetivo principal atender às necessidades de capacitação que foram identificadas na avaliação do desempenho, em função de novas tecnologias que serão utilizadas pela organização, ou em função da expansão da organização. A Unidade 3 detalhou os aspectos operacionais do processo de treinamento e desenvolvimento.

O processo de treinamento e desenvolvimento tem sua vertente estratégica, pois as organizações que contam com funcionários qualificados produzem bens e serviços com qualidade e têm um melhor relacionamento com os clientes. Do ponto de vista estratégico, o processo de treinamento e desenvolvimento pode contribuir com a estratégia da organização de diferentes maneiras:

- Suprir as deficiências dos sistemas formais de educação, uma vez que os alunos egressos desses sistemas apresentam graves problemas de formação.
- Facilitar a adaptação dos recém-contratados, principalmente para aqueles que ocupam cargos específicos cuja capacitação é proporcionada apenas pela organização.
- Promover a atualização tecnológica e a exploração do potencial das pessoas de forma contínua.

## 12. O RH como guardião da cultura da organização

Uma importante e estratégica função da área de recursos humanos é atuar como o guardião da cultura da organização. Podemos definir **cultura organizacional** como o conjunto de valores, crenças e rituais que orientam o comportamento dos indivíduos na organização. Nesse papel a área de recursos humanos é responsável por desenvolver e implementar programas de identificação, disseminação e manutenção da cultura organizacional. As ações da área de recursos humanos dão firmeza à cultura organizacional.

Como guardião da cultura organizacional o RH deve ser um agente e um facilitador das mudanças para que a organização dê respostas rápidas e precisas às imposições do ambiente; formatar e valorizar a cultura como catalizador dos componentes que compõem a organização – gestores e funcionário; ajudar os funcionários a descobrir a importância do trabalho que realizam para que a organização alcance seus objetivos; ajudar os funcionários a desfrutar do bem-estar por meio do equilíbrio de sua vida pessoal com sua vida profissional; estimular a inovação.

Um dos instrumentos utilizados pelo RH para agir como guardião da cultura organizacional é a definição e implantação de normas ou códigos de conduta. Uma norma ou um código de conduta, geralmente, trata e define os comportamentos permitidos ou aceitáveis para temas como o relacionamento com os diferentes públicos com os quais a organização interage (funcionários, acionistas, comunidade, órgãos governamentais, clientes, fornecedores etc.), questões de interesse geral, denúncias etc. O tema "relacionamento com funcionários" considera os aspectos relativos a conflitos de interesses, acesso a informações privilegiadas ou confidenciais, assédio sexual ou moral, uso de sistemas da tecnologia da informação, recebimento de brindes etc.

Por ser o guardião da cultura organizacional o RH assume uma importante e estratégica responsabilidade, pois um desvio de conduta de um funcionário ou de um grupo de funcionários pode trazer uma série de problemas operacionais com consequências prejudiciais para a organização. Basta lembrar o que está acontecendo com algumas empresas públicas e privadas que estão sendo investigadas por pagamento de propinas e subornos.

Quanto mais fortes forem os valores organizacionais e mais fortes o comprometimento e a crença dos funcionários nesses valores, maior será a chance de sucesso e de sobrevivência da organização.

## Glossário – Unidade 4

**Análise qualitativa** – refere-se à qualidade dos empregados da organização, entendendo-se qualidade como os níveis de capacitação, os resultados da avaliação de desempenho e do potencial instalado e o domínio de competências.

**Análise quantitativa** – é considerada o quadro de pessoal atual e as necessidades futuras da organização decorrentes de processos de expansão, mudança de tecnologia, investimentos em qualificação de pessoal.

**Capital humano** – corresponde ao valor econômico do conhecimento, das habilidades e das capacidades da organização.

**Cultura organizacional** – trata-se do conjunto de valores, crenças e rituais que orientam o comportamento dos indivíduos na organização.

**Estratégia** – relaciona-se às políticas e aos procedimentos destinados, em primeiro lugar, a garantir a viabilidade da organização e, em segundo, a vantagem competitiva sustentável.

**Filosofia empresarial** – trata-se do princípio normativo do sistema de RH, que lhe confere fundamento básico para sua dinâmica.

**Gestão da mudança** – envolve todos os gestores e para que tenha sucesso esses gestores devem imaginar qual o futuro da organização, compartilhar essa visão com os funcionários, estabelecer expectativas claras quanto ao desempenho e desenvolver a capacidade para alcançá-los, reorganizando as pessoas e os demais recursos produtivos.

**Mudança proativa** – é iniciada por agentes internos da organização com o objetivo de aproveitar novas oportunidades de negócio.

**Mudança reativa** – é provocada por fontes externas à organização.

**Planejamento estratégico de recursos humanos** – é constituído por processos por meio dos quais são antecipadas demandas ambientais e de negócios – demandas que são direcionadas em suas dimensões de gestão.

**Políticas de recursos humanos** – são responsáveis por estabelecer as intenções com que determinados assuntos serão tratados pela organização.

**Sistema** – trata-se do conjunto de componentes interligados e capazes de transformar uma série de entradas (*inputs*) em uma série de saídas (*outputs*) para uma consecução de objetivos planejados (resultados).

# Referências

CARVALHO, Antonio Vieira de. *Administração de recursos humanos*. 2. ed. rev. São Paulo: Cengage Learning, 2014.

MASCARENHAS, André Ofenhejm. *Gestão estratégica de pessoas: evolução*, teoria e crítica. São Paulo: Cengage Learning, 2008.

SNELL, Scott; BOHLANDER, George. *Administração de recursos humanos*. São Paulo: Cengage Learning, 2010.

# José Carlos Marques

Bacharel em Administração de Empresas pela Escola Superior de Negócios (Esan), hoje Centro Universitário da Faculdade de Engenharia Industrial (FEI), e mestre em Gestão da Qualidade pela Universidade Estadual de Campinas (Unicamp),

especialista em Gestão de Recursos Humanos e Organização pela Pontifícia Universidade Católica de São Paulo (PUC-SP). É professor do Centro Universitário da FEI – Campus São Paulo.